革新の経営力

工務店はサービス業だ

成長する工務店の秘訣を探る

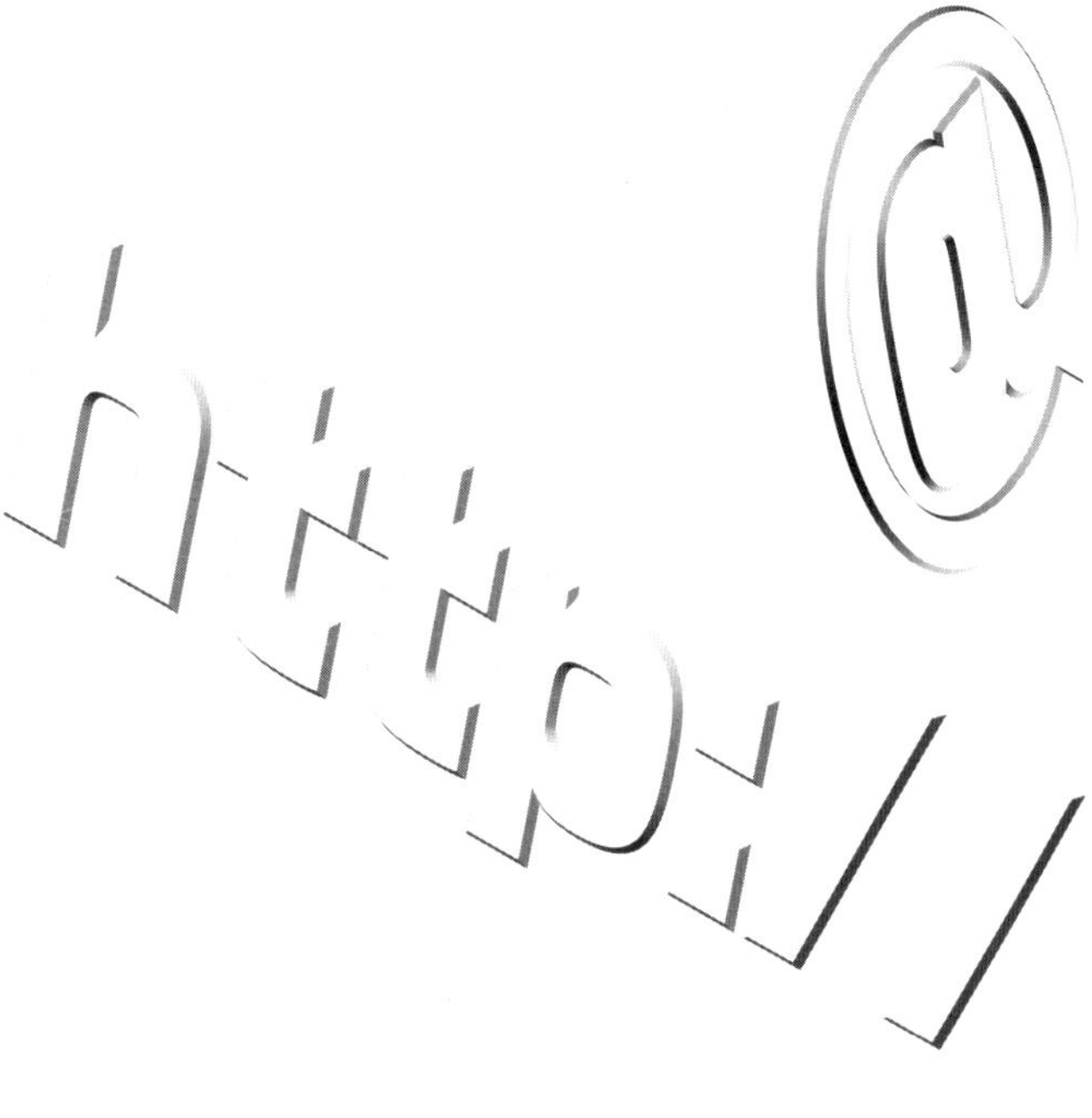

はじめに

これまで多くの一般的な経営書が書かれてきました。あるいは皆さんも、書店のビジネス書のコーナーで経営書を手にされたことがあるかもしれません。もっとも、地域工務店や中小の建設会社を対象としたものは非常に少なく、私の知る限りでは二、三冊にとどまっています。

しかし、かりに建設業向けに数多くの経営書が出版されていたとしても、その中に皆さんが今、経営に役立てることのできるものは少ないかも知れません。なぜなら、それらの経営書は、「経営管理」を中心に展開したものが多いからです。「経営管理」は、いわば平時の戦術を説くものであって、現在のような経営環境の激変期の指針を示すものではありません。

お気づきの方もあるかもしれませんが、最近の大きな経営環境の変化の中で最も重要な点は、消費者ニーズが大変に高度化・多様化し、消費者が主導するマーケットがつくられているということです。もはやこれまでのような、商品やサービスを提供する側の論理では、市場に受け入れられません。今経営に問われているのは、従来にない新しい発想です。

では、その発想とは何か。

それは「経営戦略」です。経営戦略とは、顧客と商品・サービスの組み合わせを決めること、経営資源の選択と集中を行い、その配分を自ら決めていく、ということです。「経営管理」から「経営戦略」へ。ここが今最も大切なポイントです。

ところが、建設業界の事例を調べていくと（本書で私が取り上げようとしているのは、大手・中堅のゼネコンではなく、地域に足場を持った中小規模の建設会社や工務店ですが）、いまだに顧客やマーケット（市場）の論理ではなく供給側（サプライヤー）の論理でしか動いていないところがほとんどであることに気づかされます。これでは新たな経営環境に対応できているとはいえません。

加えて、小泉内閣が推進する構造改革の結果、特に地方における公共工事の削減が行われようとしており、従来のような官公需に依存した経営は、もはや危険にすらなって来ています。現に、２００１年12月6日、準大手ゼネコン（総合建設会社）青木建設が東京地裁に民事再生法の適用を、また２００２年1月13日には殖産住宅相互が民事再生法の適用を申請しました。さらに1月30日には三井建設と住友建設が統合を発表しました。建設業界の再編・淘汰が本格化しようとしています。

私はエコノミスト・金融アナリストとして活動を続けるかたわら、米国で研究した経営戦略・マーケティング手法なども応用しながら、特に金融・航空・小売りなどの、いわゆる規制緩和業種の経営について研究を続けてきました。その過程で、１９９４年度の中小企業診断協会シンポジウムでは、中小企業庁長官賞をいただくこともできました。またその後、あるきっかけから理容・美容業界の研究にも携わり、この業界に焦点を当てた経営書を二冊上梓し、幸い大変好評をいただいています。

その本の中で私は、理容・美容業界は、消費者ニーズの大きな変化に対応して、従来の「生業」（なりわい）を脱し、企業としての理・美容店経営へと脱皮することがポイントであることを示しました。その上で、経営戦略が重要であることを述べ、その具体化の事例を紹介してきたのですが、この発想は、他のサービス業との共通点が多く、中小建設業や工務店にも当てはまるものだと考えています。

本書の中で詳しく述べますが、本来、中小建設会社・工務店は、サービス提供会社であり、物品の販売業ではありません。ですから、他のサービス業種の取り組みから抽出できるマーケティング戦略は、大いに参考になると思い、まず一冊出版させていただくことにしました。また本書では、異業種の事例をできるだけご紹介するようにしていますが、それらも実際の経営の場面で、明日からでも使っていただけるものと思っています。

この本をまとめるに当たって、株式会社コンサルティングファームの佐々島宏氏（一級建築士）、株式会社アルス・ノヴァの森山高士氏（一級建築士）、株式会社石橋組（新潟県）常務取締役澤田国一氏、株式会社カヤノ（新潟県）代表取締役社長茅野与志樹氏等多くの方々のご協力を得ました。また、そもそもこの業界の経営を研究するきっかけを与えてくださった、経済産業省中小企業庁長官官房調査室長（当時）藤和彦氏、伊藤公二氏（現・経済産業省製造産業局参事官室）には大変感謝いたします。株式会社建築資料研究社常務取締役秋山市郎氏、法人部長坂本浩一氏、出版部角谷正巳課長には編集・出版に当たり、大変お世話になりました。

現在、中小の建設会社や工務店では、世代交代が進んでいるところだと思います。次代を担う方が、今後の路線を巡って懸命に模索をされていることでしょう。もともと建設業や不動産業は、人々に夢のある暮らしを提供する魅力的な仕事です。小泉内閣でも、都市再生や住環境の質の向上を大きな政策目標として掲げており、目下の業界再編を通り過ぎれば、必ず大きな展望が開けると思います。本書が皆さんの経営見直しのヒントになり、今後の業界の発展につながれば大変幸いです。

2002年1月　菊森　淳文

目次

第1章　21世紀はどんな時代か

20世紀から21世紀へと私たちは2つの世紀をまたいで生きています。幸か不幸か、この世紀末から新世紀の入口にかけてはこれまでの世界史上の大変革期に匹敵するかそれ以上の変革期にあたります。

今まさに私たちはこの進行しつつある経済・社会の変革の時代の真っ只中にいるのです。新しい経済秩序・安定した経済システムに移行するまでには、私たちの前には、困難な問題が次々と立ち現れてくることでしょう。

ただし、このような大変革期は、過去の例にもあるように、大きな可能性に満ちた時代でもあるのです。私たちとしては、困難な問題にチャレンジし、誰にでも等しく与えられているビジネスチャンスを自分のものとしてつかみ取ろうとする意志が大切です。しかし闇雲に激動に突進するのは危険です。私たちを取り巻く経済環境を冷静に分析し見つめなければなりません。

1　経営環境激変の時代

まだ記憶に新しいところですが、20世紀の最後に、金融ビッグバン、規制緩和、年金制度改革、情報通信分野の自由化、中小企業政策の大転換などが、矢継ぎ早に行われました。これまでの社会・経済の仕組みや考え方のままでは、急速な社会の高齢化や金融、情報通信、ＩＴ（情報技術）といった当面の課題に取り組むことができず、日本が世界の中で孤立してしまうという心配がでてきたからです。そのためわが国は、さまざまな分野で構造改革や方向転換を図ろうとしてきました。

それらを受けて21世紀は、構造的変化が一気に押し寄せる時代だといえるでしょう。一言でいえば、経済合理性に従った新しい価値観へと変わる時代です。

では、これから価値を持つものとは何でしょうか。

それは知識（ナレッジ）です。

知識社会（ナレッジ・ソサエティー）では、知識を生かした人間や企業が勝

金融ビッグバン
　金融システム改革のこと。わが国では、1997年度から2001年度にかけて、①投資家・資金調達者の選択肢の拡大、②仲介業者サービスの質の向上及び競争の促進、③利用しやすい市場の整備、④信頼できる公正・透明な取引の枠組み・ルールの整備、などの金融規制の緩和・撤廃が行われた。

者となります。今までのように、在庫をたくさん持っていたり、資産をたくさん持っている企業が勝つのではなく、ノウハウや知恵や良質の人材を豊富に持っている企業が勝つことになるのです。

そして、そのような時代に、富める者とそうでない者、伸びる産業（企業）と沈滞する産業（企業）という二極分化が起こり、大きな格差が生じます。優勝劣敗が明確になる時代ともいえるでしょう。

こうした大きな流れに加えて、もう一つ、これから避けて通れない問題としてデフレがあります。右肩上がりの経済の時は、通常の経営をしていれば売上は自然に伸びていきました。また、価格も適度に上がりますから、仮に同じ数量を売っていても利益を出すことができ、経営が成り立ちました。

21世紀への経済・社会の動き

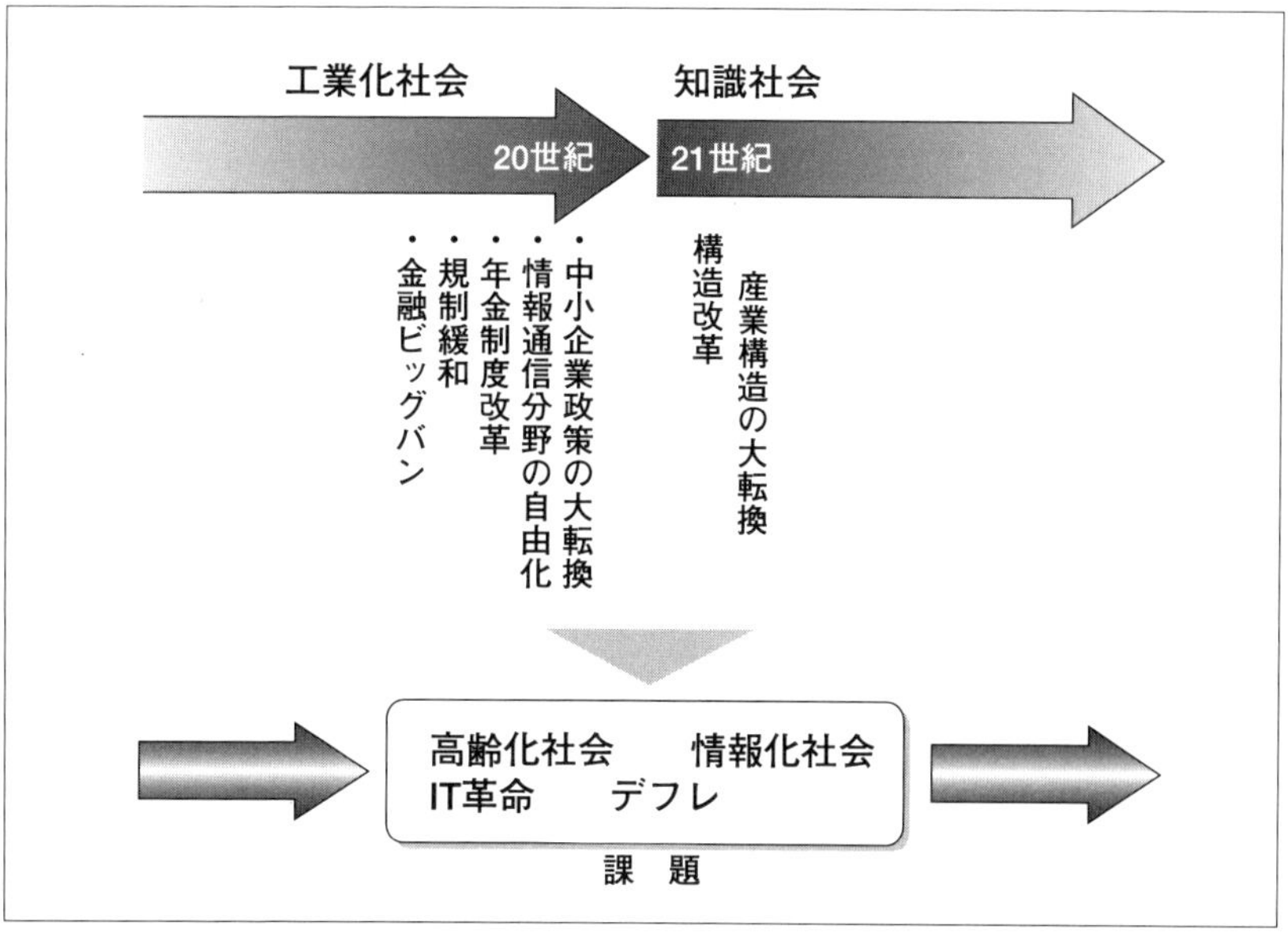

ところが、デフレ経済の下では単価が下がっていくわけですから、放っておけば利益の出せない状況が必ず出てきます。そこで、内部でコストを削減したり仕入れ値を下げるといった工夫も必要になります。おしなべて経営が難しくなる時代といえるでしょう。

では、なぜこうしたデフレ現象が起きているのでしょうか。デフレには基本的に次の3つの要因があると、一般的には分析されています（内閣府「平成13年度年次経済財政報告」）。

① 安い輸入品の増大などの供給面の構造要因

中国などからの安い輸入品の流入、IT（情報技術）を中心とした技術革新、流通合理化などの物価を引き下げる構造的な要因です。

② 景気の弱さから来る需要要因

2001年から景気が弱まり、年央以降景気悪化の状況がさらに強まっていますが、このような景気の弱さから、需要が低迷し、物価を押し下げるという要因です。

③ 金融要因

長期的には、インフレやデフレはマネーサプライの動きによって決まりますが、大幅な金融緩和策を講じているにもかかわらず、十分な銀行貸出、マネーサプライの増加につながっておらず、デフレが起こるという要因です。この背景には、企業の過剰債務や不良債権問題によって、企業の資金調達意欲が高まらないうえに、銀行の金融仲介機能が低下していることがあります。

マネーサプライ
通貨供給量のことで、金融機関以外の民間部門が保有する通貨（現金と預金）の合計残高。日本銀行が支払準備率というものを上下させることで調整している。

このように、デフレにはいろいろなマクロ的な要因が考えられますが、ミクロ的な要因には、消費者の選別眼が研ぎ澄まされてきていることがあります。今、消費者は、商品そのものの質（クオリティ）と価格（プライス）との相対性が妥当かどうかということをきちんと見ています。ですから、これまでのようにつくれば売れる、という時代ではなくなり、消費者が選ぶ時代になっているのです。

2　構造改革の意味

もう一つ現在の経済環境で見逃せないのが、最近の構造改革の動きです。小泉内閣の誕生によって、この動きは加速されており、さまざまな改革が２００２年の春ぐらいから現実的になっていくでしょう。

この改革は、現在の日本の産業構造を大きく変え、非効率な産業から効率の高い産業に経営資源を配分し直し、それによって、日本の成長を実現しようという考え方で進められます。

構造改革の内容は、２００１年6月26日に閣議決定された「今後の経済財政運営及び経済社会の構造改革に関する基本方針」（いわゆる「骨太の方針」）に書かれていますが、次の７つのプログラムから成っています。

・民営化・規制改革プログラム
・チャレンジャー支援プログラム
・保険機能強化プログラム
・知的資産倍増プログラム
・生活維新プログラム
・地方自立・活性化プログラム

・財政改革プログラム

また、この「骨太の方針」をさらに具体化するために、2001年9月21日に「改革工程表」が出されています。さらに、改革工程表を実施するに当たり、規制改革等に関係し、補正予算を要する施策については先行して決定・実施していくことが必要であることから、2001年10月26日に「改革先行プログラム」が公表されています。

こうした動きの中で、建設業はどうなっているでしょうか。私はまだまだ非効率的なところが多いのではないかと思っています。建設業が効率的で、これからの社会に受け入れられるような産業になるためにはどうしたらいいか。それを考えていかなければなりません。まさに転換が問われている時代です。

3　知識社会（ナレッジ・ソサエティー）の到来

その中で、先ほど触れたようにナレッジの重要性がクローズアップされています。

これまではプロダクトアウトの発想だけでも充分にものが売れ、企業は収益をあげることができたことは、先に述べたとおりです。ところが消費者の目が厳しく選別に向かい、競争が激しくなると、競争に勝ち残るために経営の効率化による価格の引き下げはもちろんですが、価格を引き下げなくても、一人ひとりの顧客のニーズを適切に把握し、そのニーズに対応する適切な商品・サービスを提供することが、競争に勝ち抜くポイントになります。

そこでワン・トゥ・ワン・マーケティングが登場し、それを支える不可欠な経営資源としてナレッジが注目されているのです。顧客情報を的確につかみ、分析し、経営活動に役立てて商品やサービスの質の向上を図ること、さらに進んで、新商品や新規事業の開発などの経営戦略に活かすことが、求められています。こうしたナレッジ・マネジメントを的確に推進することができる企業が、この変化の時代を生き残っていけるのです。

プロダクトアウト
商品の供給者側の論理で販売する発想のこと。マーケットインに相対する言葉。

ワン・トゥ・ワン・マーケティング
1対1対応のマーケティングのこと。顧客に対して、それぞれ個別に対応したサービスが要求されるようになっている。そこで、よりきめの細かい顧客情報が必要となる。

4　チャンスの多い時代

そもそも大きな変化がある時代というのは、チャンスの多い時代でもあり、儲けようと思えば、いくらでも儲けられる時代です。要はやる気・勇気と知恵と行動力です。ですから、この時代から逃げるのではなくて、積極的に挑戦していくべきだと思います。特に、今後は規制緩和や消費者ニーズの多様化に伴い、新しい市場やニッチが生まれる可能性が大きく、大きなチャンスがある時代であるといえます。

例えば、理容業界に異業種から進出したQBネットという企業（店舗名はQBハウス）は、理容店の業務プロセスを見直し、顧客にとって必要な最低限のニーズを新たにビジネスモデルとして構築し、「カットのみ10分、1000円」のサービスを提供して成功しています。この例は、従来の理容店の総合調髪に代わって、「最低限必要なサービスを安く、速く受けたい」という新たなニーズに対応したもので、まさに新たな市場ができたということができるでしょう。

ニッチ
隙間のこと。どの既存企業も対象としていない市場は、多くの中小企業にとって参入のチャンスがあり、これをニッチ市場という。

5　変化するものと不変のもの――最後は人間

しかし、どんなに変化する時代にあっても、変わらないものが必ずあります。経営戦略や経営管理など、形や方法は変わっても、経営自体が重要であることは変わりません。経営資源でいえば、変わらないのはヒト、人間です。特に建設業というのは、人を使ってしか儲けていくことができないサービス業としての宿命をもった産業です。なおさら、人材に注目することが必要です。今、どういう人材をつくっていかなければならないか、ということを必死に考えていかなければならない時代です。今までのように、指示されたことを組織の一員としてただ実行するというワンパターンの人間ではなく、多様な人間、能力の高い人間を上手に使いこなし、そのレベルアップを常に図っていかなければなりません。

第2章　建設業はどう変わっていくのか

建設会社・工務店を取り巻く経営環境は内外ともに厳しく、変化の速さは一段と加速しています。経営環境の変化は当然建設業にも変化を迫っていますが、旧来のやり方にも多くの問題点があります。

ここで、建設業の現状を少し数字をあげながら細かく分析していき、他産業との比較の上で、建設業固有の問題点を探っていきます。問題点をきちんと把握した上で、新たに改革すべき課題を提示します。

さらに、国が描いている建設業の将来像に触れてみたいと思います。建設業の将来の方向性が見えてきます。

1　建設業の現状

巨大な産業

建設業の業としての大きさは、建設白書などでも明確です。わが国ＧＤＰの約15％程度を占め、雇用人口は６５３万人（総務庁「労働力調査」２０００年平均）。これはわが国の雇用の約１割に相当します（ただし、２００１年７月には６２９万人へと大幅に減少しています）。業界としては、日本の産業の中で極めて大きな位置を占めているものであり、一時はＧＤＰの２割弱を占めるまでにいたりました。

しかし、国と地方公共団体を合わせて実に６９３兆円（２００２年度末）にのぼる債務を抱えながら、これだけの

建設業許可業者数（総数586,045）

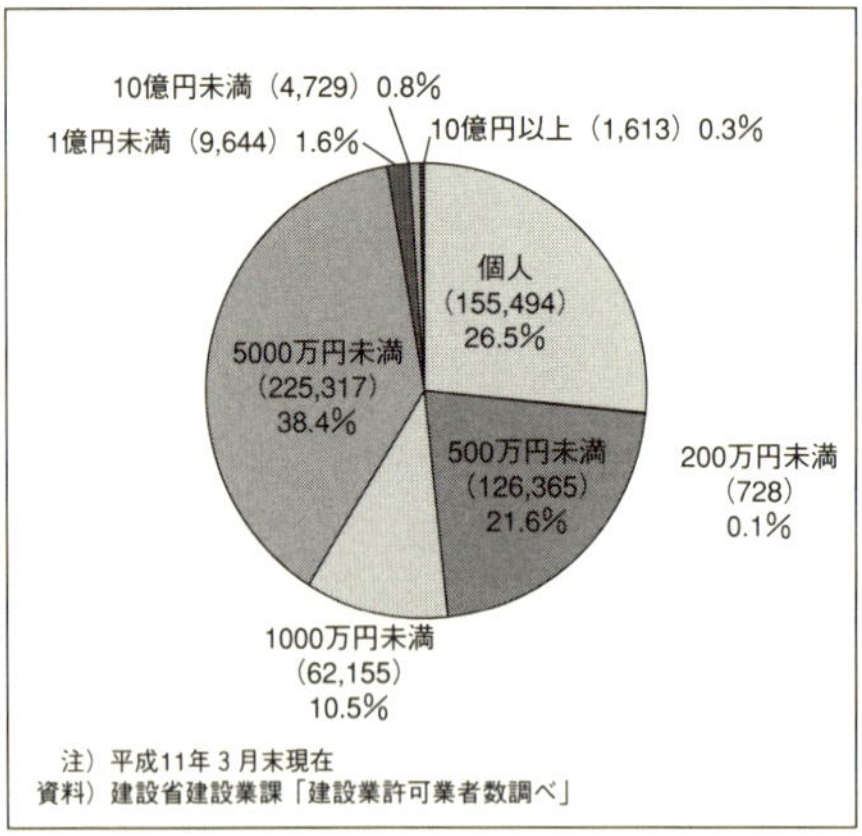

注）平成11年３月末現在
資料）建設省建設業課「建設業許可業者数調べ」

出典：「建設白書 2000」

ＧＤＰ
　国内総生産のこと。国内で、一定期間内に産み出された付加価値の総額。経済を、工業、住宅、家計といった側面からとらえるのではなく、トータルに把握する統計。経済成長率はＧＤＰの伸び率が使用される。

GDPをつくってきたというところに、過去十数年にわたる問題点が露呈しているといえます。この業界をどう変えていくかは、国の政策としても最も重要なものの一つといえるでしょう。

減少する建築許可業者数

建設業全体の許可業者数は、これまでおおよそ一貫して増加してきましたが、２００１年３月末には58万６千件と、２０００年３月末の60万１千件から減少しました。とりわけ、建築業の許可業者数は、２０００年３月末の約22万７千件から２００１年３月末の22万件へと、約７千件減少しています。中でも個人の建築業者数は約５千件減少しています。

建設業関連の構造

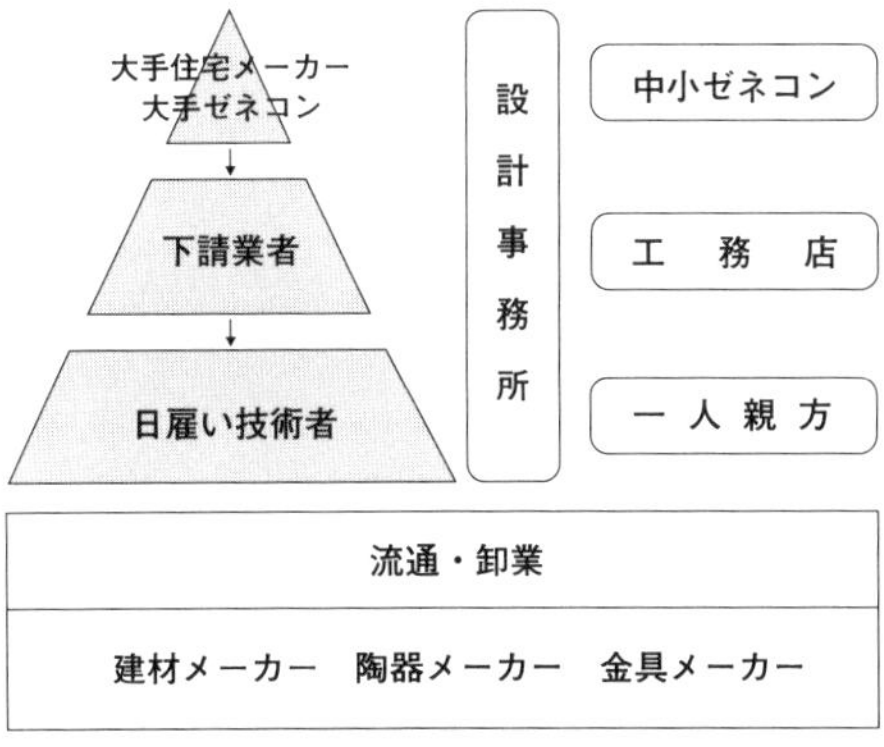

建築許可業者数の推移（資本金階層別）

	97年度末	98年度末	99年度末	2000年度末
10億円以上	973	982	985	985
5000万円以上10億円未満	7476	7769	8036	8173
1000万円以上5000万円未満	84606	87038	89227	88040
1000万円未満	49647	51760	53951	53764
個人	71958	73177	74392	69122
合計	214827	220912	226778	220268

資料）国土交通省

露呈する非効率

大きな指標として倒産率というものがあります。他の業界は0・5%ぐらいですが、建設業では1%もあり、すでに倒産率が高くなっています。また、労働生産性も、産業別実質労働生産性で、ピークの一人746万円（1991年）から一人594万円（1998年）へと低下してきており、非効率的な業界になりつつあるといえます。

また、この業界の大きな特徴として、業界独自の論理や慣行が通用する閉ざされた世界になっているという面があります。建設業と建材業と流通業の間には密接な関係があって、なかなか単価を下げられない状況があるのです。

大手の建材メーカーでは、大手ハウスメーカーからのOEM生産をやっていて、なかなか独自色が出せない、という問題がありますし、ハウスメーカー次第で建材メーカーの生産が決まってしまうという面もあります。つまり、相互依存の非常に高い業界だといえるでしょう。

OEM生産
自社製品としてではなく、相手先のブランドとし出荷される製品。供給された側は、さらに独自の機能を付加するなどして販売する。

公共事業への依存体質

マーケティングをそれほど熱心にしなくても、広告さえ打てば売れるという、マーケティングの欠如も、建設業界の大きな特徴です。その背景には、国策があり公共工事があるということがあったわけですが、ここに来てそれは大きく変わりつつあります。

クローズドシステム

また、これだけデフレになってくると、本来なら適正な安さであれば消費者は飛びつくはずです。ところが、建設業界というところは、資材価格が不透明で、どうやって決まっているのかが分かりません。それがネックになってなかなか価格が抑えられない、従って需要が伸びないという現象が起きています。これもクロー

産業別実質労働生産性の推移

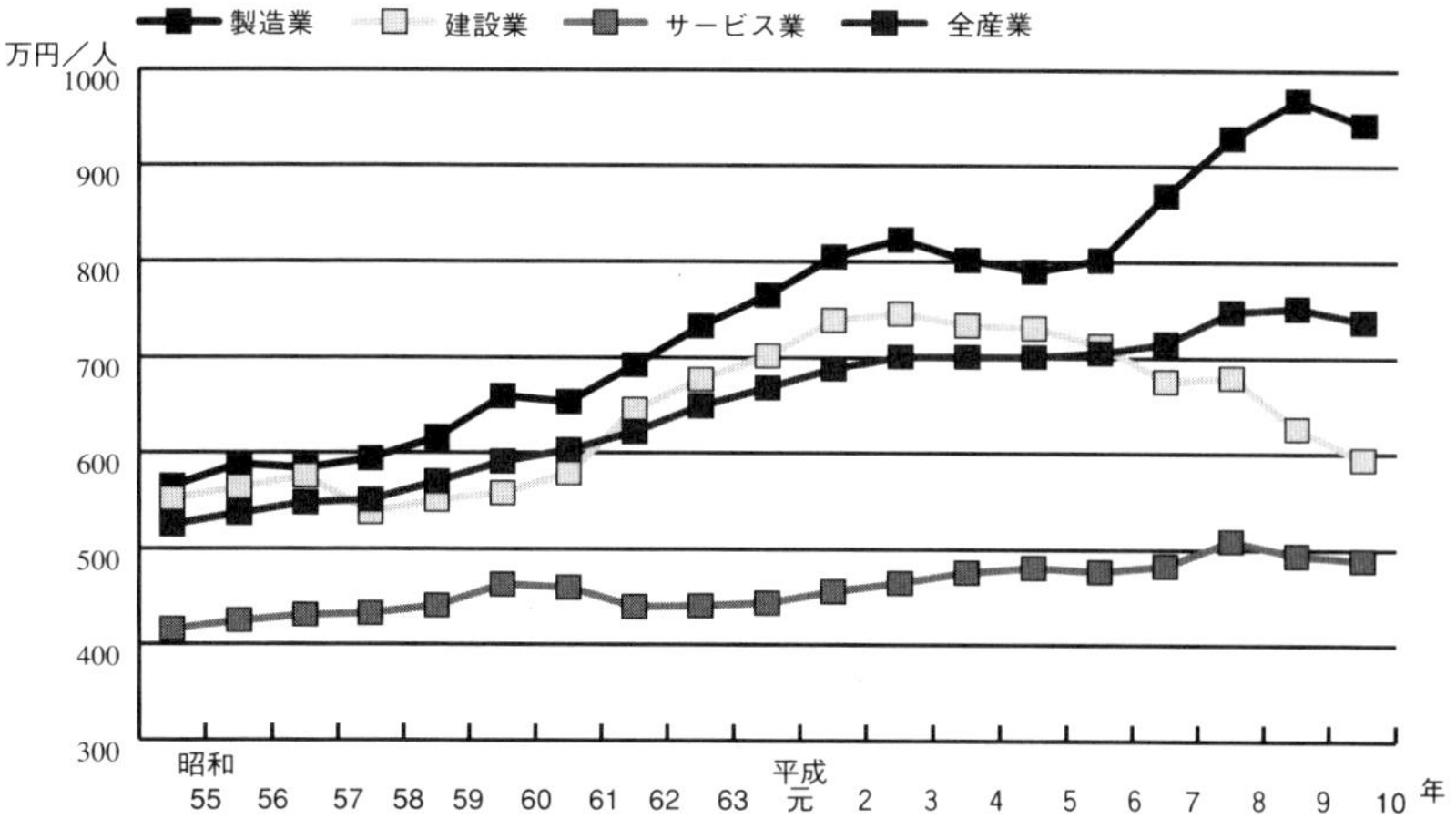

注）産業別実質労働生産性＝産業別実質国内総生産（平成2年価格）／産業別就業者数資料）経済企画庁「国民経済計算年報」、総務庁「労働力調査」
出典：「建設白書 2000」

ズドシステムの中で生きているが故に出てきている問題です。

いわゆる「談合」は、かつては合理的な価格決定方法であったかもしれません。しかしこれは、供給側の都合だけで安定的に受注を分け合うためのシステムであり、価格の合理性や透明性が厳しく求められる時代の中で、決して受け入れられるものではありません。

硬直した価格

またこの業界は、公共工事の指定業者制を始め価格硬直性を生み出す仕組みがビルトインされてしまっています。例えば、日本製の便器が一個10万円だとします。同じものをアメリカで探すと、1個5万円で販売しているとします。確かに日本の方がいいものをつくっているという面もありますから、この価格差は、ある意味では納得せざるを得ないのですが、それにしても寡占状態から形成される価格で、日本の消費者は購入せざるを得ません。日本製は確かに品質が良いのですが、ほとんど言い値のまま通っていること自体、まだ流通機構が

クローズドシステム
閉ざされたシステム。例えば業界内のみに通用するシステムで、オープンシステムに対する言葉。

各国産業別労働生産性水準の比較

1995年、人・年ベース、日本=100

	日本	米国	ドイツ	フランス	英国	イタリア	オランダ	スウェーデン	スペイン	カナダ	オーストラリア	韓国
国民一人当たりGDP（1996年）	100	125	87	92	87	88	90	87	65	95	93	59
1.国民経済生産性（1996年）	100	135	104	126	101	129	103	101	107	107	105	66
2.農林水産業	100	247	135	242	266	163	336	180	109	155	165	94
3.鉱業・採石業	100	273	-	104	422	-	900	72	56	156	236	83
4.製造業	100	132	83	120	120	107	102	102	100	97	87	69
5.電気・ガス・水道業	100	102	-	70	106	162	66	69	100	71	77	111
6.建設業	100	95	75	87	96	89	84	101	106	107	97	84
7.商業	100	146	98	150	100	157	108	94	153	81	114	42
8.運輸・倉庫・通信業	100	152	100	116	181	159	117	84	106	100	146	94
9.金融・保険・不動産・ビジネスサービス	100	99	85	94	76	-	60	66	70	61	65	50
10.公共的・社会的・個人的サービス	100	150	-	121	105	126	85	91	97	111	100	73

1995年、各国国民経済生産性=100

	日本	米国	ドイツ	フランス	英国	イタリア	オランダ	スウェーデン	スペイン	カナダ	オーストラリア	韓国
国民一人当たりGDP（1996年）	51	47	44	38	44	35	44	45	31	46	46	45
1.国民経済生産性（1996年）	100	100	100	100	100	100	100	100	100	100	100	100
2.農林水産業	37	66	47	64	82	45	117	69	36	51	57	53
3.鉱業・採石業	201	397	-	174	701	-	1710	131	102	284	442	256
4.製造業	122	116	96	106	117	98	117	114	110	107	99	128
5.電気・ガス・水道業	421	312	-	245	280	512	263	318	378	269	302	713
6.建設業	94	65	67	67	86	63	75	103	90	91	86	122
7.商業	74	78	69	84	70	87	76	72	102	54	79	48
8.運輸・倉庫・通信業	104	114	98	96	145	123	115	87	100	94	142	150
9.金融・保険・不動産・ビジネスサービス	278	201	412	204	180	-	159	203	266	154	170	215
10.公共的・社会的・個人的サービス	70	76	-	66	70	112	56	61	71	70	65	78

注） 1.イタリア　製造業＝鉱業・採石業十製造業
公共的・社会的・個人的サービス＝金融・保険・不動産・ビジネスサービス十公共的・社会的・個人的サービス
フランス　産業別指数は1994年の数値
スウェーデン　産業別指数は1994年の数値
2.本表は各年の国民経済生産性に対する産業別生産性の比率を表す

資料）（財）社会経済生産性本部「労働生産性の国際比較」

出典：「建設白書 2000」

未発達であるといえるのではないかと思います。

現場でも、材料・工賃・その他経費が不明確なまま、ワンパッケージでいくらという不明瞭な見積になっていることが極めて多くなっています。かりに明細が書かれていても、その根拠に乏しいものが少なくありません。

工賃はごまかせないけれど、他のところはごまかせる。業界の内部で決めている価格というのがかなりある。従って価格を下げても、実はやっていけるのです。

どうしてこういうことが起きるのかというと、まさに流通機構に問題があります。メーカーが必ずしもメーカーの論理だけでつくっているのではなく、同時に商社となり、市場の支配を相当のレベルでやってしまっているのです。

独特の「マーケティング」

日本の中小建設業や工務店がどういうマーケティングをしているのかというと、特にマーケティング調査をしているところは少なくて、圧倒的に、地縁・

血縁を活かしたマーケティング、商工会とか選挙事務所とかお祭りの実行委員会とか、こういうところで常に情報網を張って、特に公共工事とか地元企業の建設の受注を取っています。

もちろんこれ自体責められるものではなく、一つの立派なマーケティングだといえると思いますが、問題は企業サイズが地域の需要の割に大きすぎることにあります。従業員数が非常に多く、非効率な建設会社が地方に行けば行くほど多くなっています。これはいうまでもなく競争にさらされていないことに根拠があります。地元では数社しかないわけですから、当然こうした現象が起こる。企業サイズの大きさ・従業員の多さが、意味もなく魅力として受け止められているのです。

それより零細な建設業者や工務店を見てみますと、

① ハウスメーカーの下請けになっているところ

② 代々の社長の信用と技術力でやってきた独自の中小建設業者・工務店

そして、

③　工務店からの脱皮を狙う中小建設業者・工務店

があり、大きくはこの３つに分かれています。

それぞれ一生懸命、地縁・血縁を通じてマーケティングをやっているのですが、中小建設業者・工務店と消費者との間の意識のズレが微妙に生じていて、それが消費者の満足度を高められない原因になっています。

例えば、１本30万円の床柱のある家があります。しかし、消費者は本当にこれを望んでいたのでしょうか。ステンレスのぴかぴかしたドアノブではなく、手垢でさびたようなドアノブが好きな人もいます。蛍光灯の照明と白熱灯の照明には、それぞれ好き嫌いがあります。

こうしたことに細かく対応した家づくりをしているかどうか。こうしたところにも、消費者との意識のズレが出ているように思います。

顧客置き去りの本物志向

これは建設業に携わる人、とくに地域の設計事務所や工務店に顕著に見られることですが、ともすると顧客を無視して本物をつくろうとする傾向がありま す。「良い物は良いんだ」ということなのですが、その発想に根本的な誤りがあるのではないでしょうか。

しばしば輸入の家具や設備に対して、日本製に比べて仕上げが荒いといったことが指摘されますが、それで充分機能しているし、荒さも目立たないというケースが少なくありません。乱暴な言い方になるかもしれませんが、ある程度いい加減な施工でも使える物件をつくるのが設計だともいえるのです。自分の設計を緻密に見せることは、何の技術でもありません。例えば、木と木を「留める」よりも、単純に突き合わせて接着剤や金具でつないだ方が良いこともあるのです。それで構わない場所があり、コスト面から要求されることもあるはずです。

品確法制定の影響

以上の業界特性に加えて、２０００年４月１日、「住宅の品質確保に関する促進等に関する法律」（品確法と略）が施行されました。同法は、欠陥住宅の撲滅、低コストで早期の紛争処理を目的とし、具体的には、まず、建設業・工務店に10年間の瑕疵担保が義務付けられました。次に、住宅性能表示制度が設けられ、消費者が求めれば性能評価に応じなければならないものです。中小建設業・工務店にとって、性能評価の申請の煩雑さにあります。性能評価には、施工前の設計住宅性能評価と、着工後、竣工までに行う建設住宅性能評価がありますが、いずれも申請に必要な書類が多く、手間がかかります。この点で、従業員数の少ない小規模は建設業・工務店の負担が大きくなっています。このように、品確法は製造物責任（ＰＬ）法ともいえる法律で、中小建設業・工務店の経営を変える可能性があります。

2　今後はどうなる？

公共事業は減少

では今後、建設業どうなるのでしょうか。

　マクロから見てみますと、公共工事の減少は避けられません。２００１年６月に出された「今後の経済運営及び経済社会の構造改革に関する基本方針」（いわゆる「骨太の方針」）は、「我が国の公共投資が経済に占める比率は国土条件や整備条件が低かったことなどから、主要先進国に比べ極めて高い水準にある。計画の整備目標の見直し、公共工事への依存体質を生み易い制度の是正、さらにはコストの削減等を通じて、主要先進国の水準も参考としつつ公共投資の対ＧＤＰ比を中

平成11年度公共工事着工額の発注別増減率

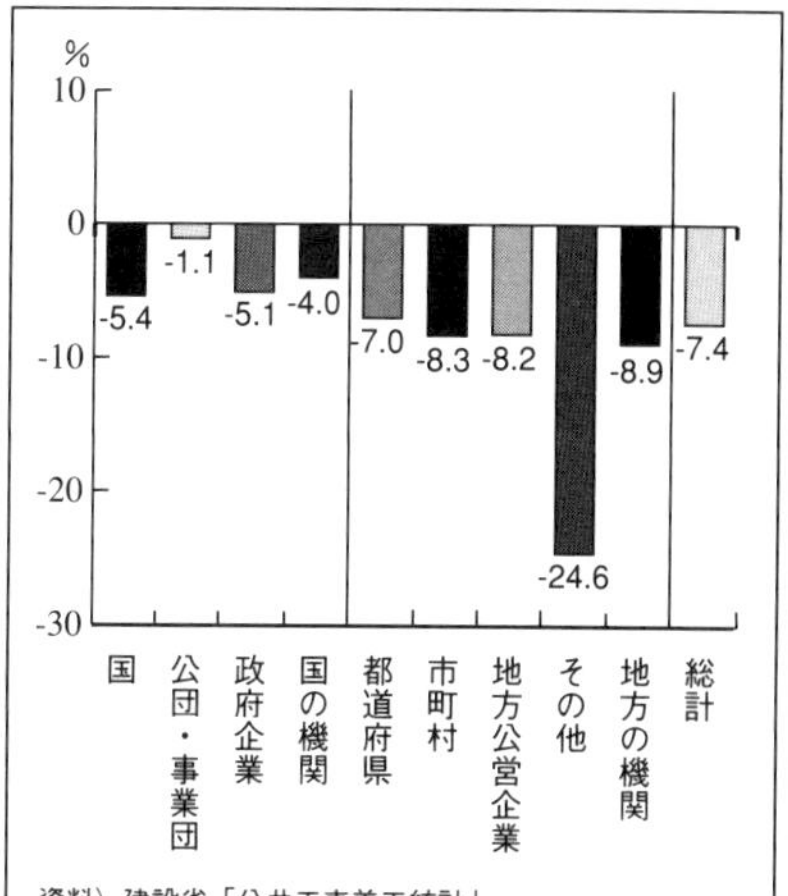

資料）建設省「公共工事着工統計」

出典：「建設白書 2000」

産業別全要素生産性成長率の比較

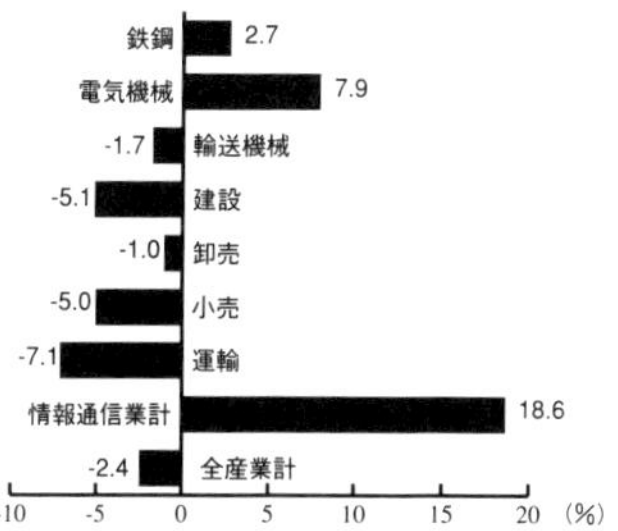

資料）郵政省「平成12年版通信白書」

出典：「建設白書 2000」

期的に引き下げていく必要がある。」とうたっています。塩川財務大臣も、地方を含め、一律で少なくとも1割の公共事業費削減を明言しています。中小企業白書などでも分かるように、受注高はすでに伸び悩んでいます。

公共工事の受注高の減少に伴い、ゼネコン間の公共・民間工事の受注競争が激化し、過当競争のため収益力が悪化しています。例えば、品川・汐留等都心部の大型再開発工事を受注した大林組でも、完成工事利益率が2年前の10・6%から6・9%まで落ち込む見通しを示しています（日経産業新聞2001年12月5日付け記事）。

住宅投資も減少

完成工事高の推移

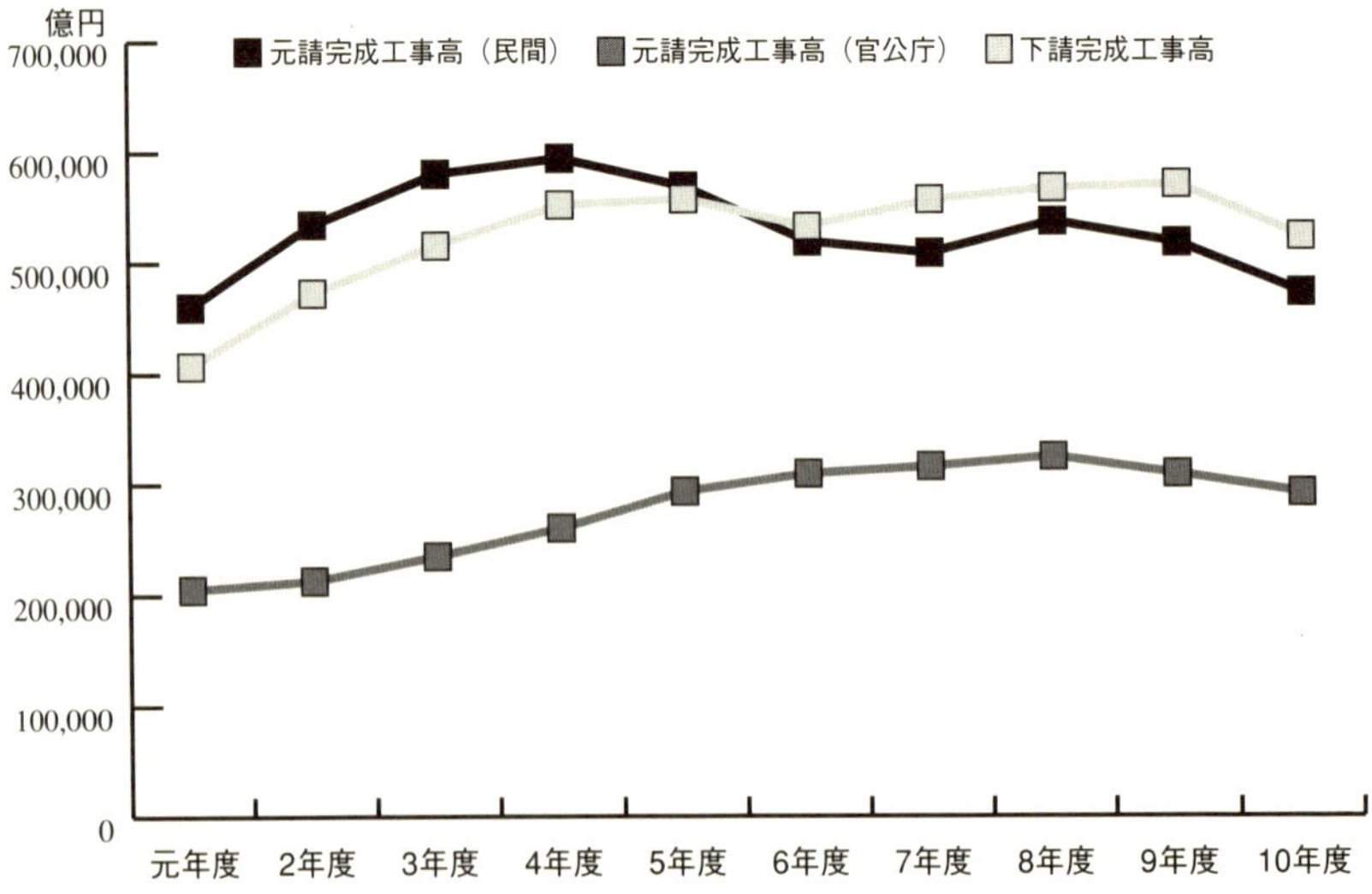

資料：国土交通省「建設工事施工統計調査報告」

出典：「2001年版 中小企業白書」

多くの中小建設業・工務店の主要な業務の一つである住宅建設は、今後暫く減少する可能性が大きい。消費者の住宅建設・購入ニーズは持ち家・一戸建てを中心に強いものがありますが、多くの世帯で既に保有住宅の負債を抱えているほか、年収が増加せず、雇用や年金など将来に対する不安から積極的な住宅投資に踏み込みにくい状況にあります。長期的には、少子高齢化によって、持ち家を新たに取得するニーズが減退することも考えられます。

護送船団方式がなくなる

建設業も他の規制業種と同様、政府が護送船団方式の業界政策を取ってきました。特に、建設業は産業社会インフラを構築することが必要であったため、公共投資を梃子に、官庁が建設業を育成する必要がありました。しかし、官庁と建設業との関係は、バブル経済の崩壊とともに大きく変わり、護送船団方式は影を薄め、自由競争の時代を迎えています。

これまでは中小企業の受注確保をうたった官公需法によって中小建設業が保

護されていましたが、大手ゼネコンが中小建設業保護に危機感を募らせており、今後は中小建設業に対する保護の程度が低下し、競争政策が部分的にせよ導入される可能性があると考えます。日本建設業団体（日建連）は2001年6月に「21世紀の建設市場の見通しと建設産業のあり方」と題するレポートを公表しましたが、ここには、

①行き過ぎた中小保護の見直し
②地元要件の緩和
③発注ロットの拡大
④過度のJV発注の見直し
⑤一般競争入札の拡大

などが盛り込まれています。

建設業者の倒産の推移

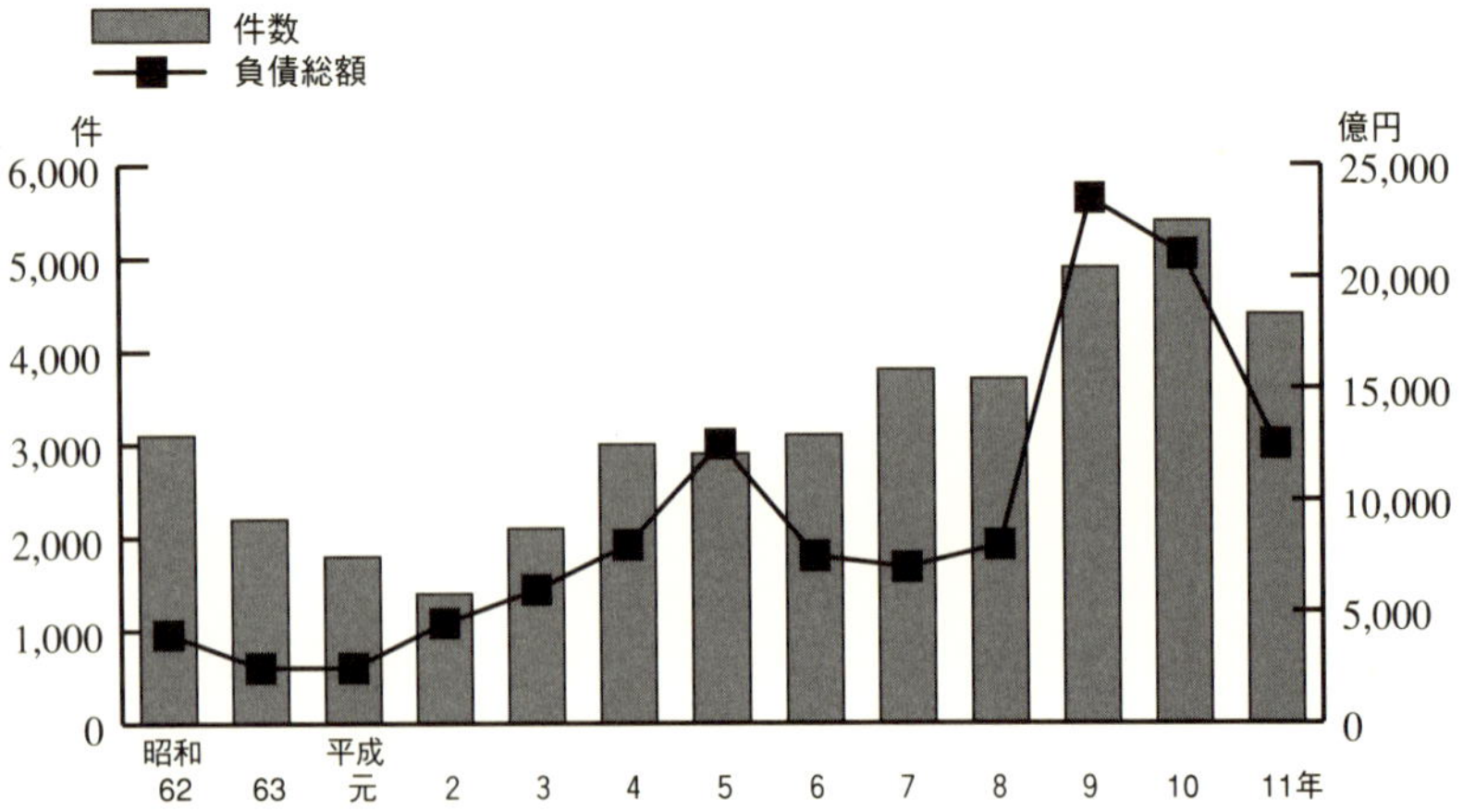

注：負債総額1,000万円以上
資料：帝国データバンク「帝国ニュース」

出典：「建設白書 2000」

再編、淘汰が進む

２００２年から大手建設会社の再編は現実化する可能性が大きいと思われます。建設会社を支援し続けてきた銀行も、金融庁の特別検査に対応して不良債権の最終処理を急ぐ必要があり、展望の見えない融資をずるずると続けることはできなくなりつつあります。

また、受注競争が激化し、大手建設会社に依存したり、また特徴のない中小建設業・工務店は淘汰されざるを得ません。すでに業界内部でもこうした声があがっており、淘汰すること、されることは当然のことと考えられています。

建設業自体はなくならない

しかし、建設業自体の重要性に変わりはありません。もちろん建設業がなくなることもありません。むしろ誰がやるかという担い手の問題であり、残るべき建設会社・工務店は残るのです。特に、今後は都市再生や地域の住環境整備など、建築需要は拡大する可能性があります。

オープン・システムへ

では、どういう業界になるのか。今後は、業界特有の論理・慣行が通用しない世界（オープン・システム）に変わっていく可能性が強いといえます。資材調達ルートや価格が変わり、マーケティング重視にならざるを得ないでしょう。逆にいえば、そうでなければ消費者の支持を受けることができないということです。

消費者のメリットこそ大切

建設業の今後

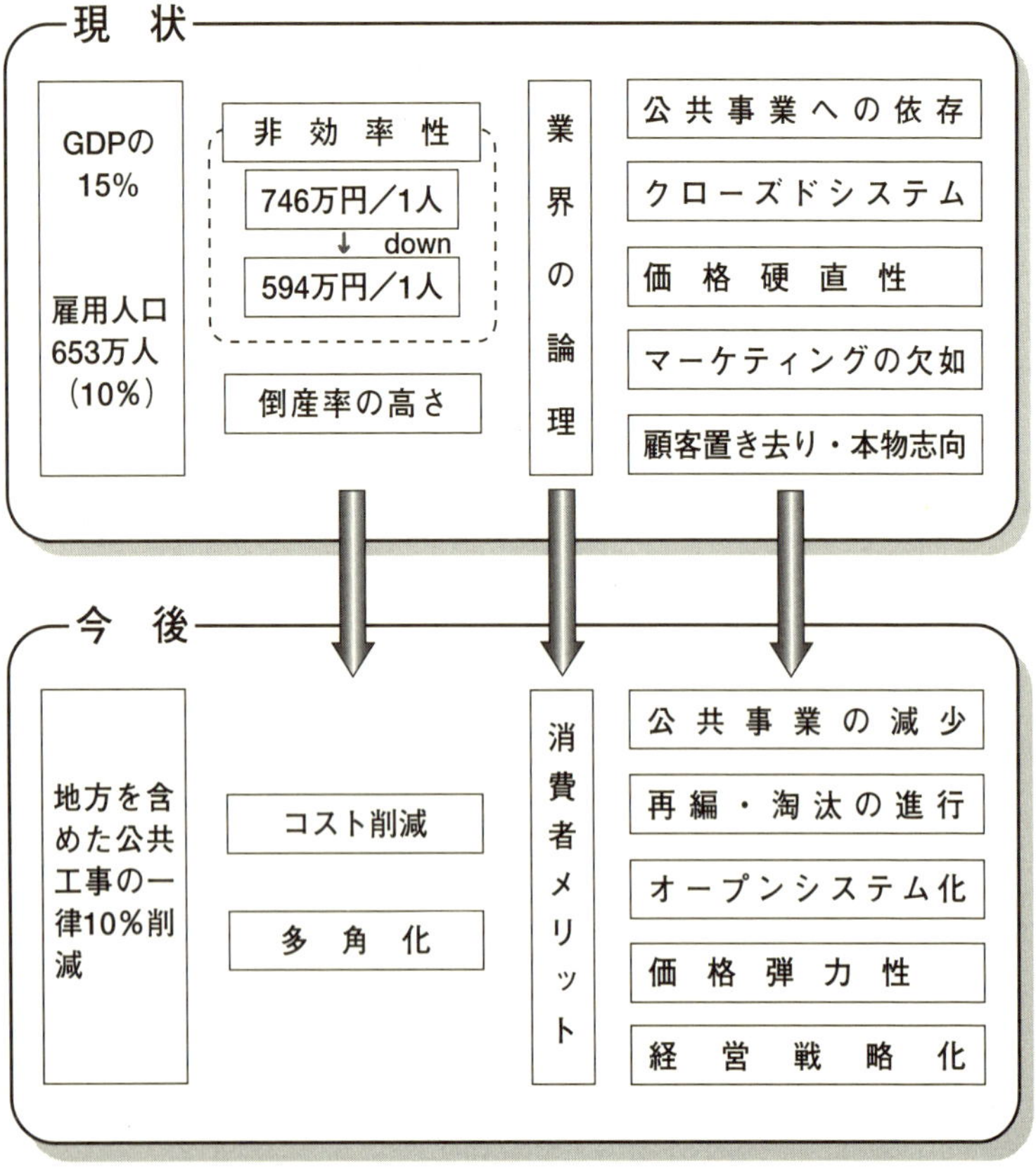

価格の合理性による消費者メリットの追求はもちろん、消費者ニーズをとらえたマーケティング、つまり魅力的な商品のアピールや生活提案、個々のニーズへのきめ細かい対応などを進める必要があるでしょう。

国が描く建設産業の未来像

さらに大きなもう一つ先の姿としては、建設産業の戦略的な取り組みとして、すでに国が描いている建設産業像があります。公表されてからやや時間が経っていますが、今でも充分に通用する内容ですので、ご紹介しましょう。

（ア）「建設市場の構造変化に対応した今後の建設業の目指すべき方向について」（1998年2月）

「技術と経営に優れた企業が伸びられる透明で競争性の高い市場環境の整備を進めていくことが急務」

A　技術力による競争の促進

B　連携強化など新たな企業経営の展開
C　入札・契約手続きの透明性の向上
D　建設生産システムの合理化の推進
E　優良な中小・中堅建設業者の受注機会の確保対策を推進

(イ)「建設産業政策大綱」(1994年4月)

「競争力を強化し、21世紀の経済社会ニーズに応えられる創造力と活力を有する産業として育成。住宅・社会資本整備の分野において、生産性向上のために次のような方策が採られるべき」

A　社会資本のストック効果、公共投資のフロー効果の向上
B　建設産業分野についての労働力の質の向上
(例　経験知の集積による施工管理能力の向上などによる現場労働生産性の向上、新しい工法を活用する分野での新たに開発された技術や業態の変化による工法・工程改善、省力化等による労働生産性の向上)
C　電子商取引・電子媒体による情報交換等のITを活用することによる

ストック効果
　公共投資によって形成される社会資本が国民一般に利用されることにより、長期にわたって経済を活性化させ、国民生活を豊かにする効果。
ストック効果には、直接の利用者が受ける直接効果と、直接の利用者からいくつかの段階を経て最終的に効果が現れる間接効果とがある。
例えば、高速道路の開通によって目的地までの時間が短縮される直接効果、交通が便利になったことで観光客が増加する間接効果がある。

フロー効果
　公共投資の実施が短期的な有効需要を創出する効果。一般に、公共投資には、創出された公的需要が波及効果を通じてGDPを拡大し、建設部門のみならず幅広い産業分野における生産を誘発する経済効果がある。

生産性の向上

要するに、建設産業の再生は古くて新しい問題であって、これからでも取り組むことには大きな意味があるのです。たとえ今まで変われていなくても、日本の金融界も他の産業界もまだそれほど大きくは変われておらず、建設業界についてもこれからでも決して遅くはありません。

建設産業の再生に向けた取り組み

ではどのように建設産業の再生に向けた取り組みを進めればいいのか。大きくは3つあります。

（ア）発注者ニーズを踏まえた新たなサービスの提供

発注者のニーズが多様化していることは指摘してきたとおりです。

・コスト意識の増大
・情報ネットワークの普及による業者選択機会の増大
・外資参入を契機とした透明性に対するニーズの増大

といったことがあります。こうしたニーズに応えるという観点から、コンストラクション・マネジメント（CM=Construction Management）への取り組みが必要になるでしょう。

コンストラクション・マネジメントとは、建築主の立場に立って、建築のプロジェクト全体を統括するマネジメントサービスのことです。最小のコストと時間で高品質な建物をという建築主のニーズに応えるのが目的です。

発注者の代理人・補助者として、あくまでも発注者の利益を確保するという立場から、ある程度独立した人として、こうしたマネージャーが現れなければいけません。それにより、工程管理、品質管理、費用管理等が厳密に行われ、建設工事をより全体的に、そして直接的に把握することが可能になります。

今まではゼネコンにしても建設会社にしても、「10億円の仕事です」とやってきました。その中には請負に伴うリスク分も含めているわけですから、いわば「どんぶり勘定」になっていました。それをコンストラクション・マネジメントを通じてきちんと項目ごとに分離し、それぞれのサービスについて適正な価格を示す。これがまさに、消費者に対する新しいサービスなのではないかということが指摘されているのです。

独特の請負制度の下で、今まではこうした管理はなされてきませんでした。請け負ったものがすべてのリスクを負い、総額いくらで全部こなしていくという、日本的な感覚で今までこの業界は受注して来たわけです。

このコンストラクション・マネジメント（ＣＭ）を活用した事業手法は、従来外資系企業を中心に導入してきましたが、国内企業や国土交通省も採用を検討しています。ＣＭ方式の導入によって、ゼネコンを頂点とする従来の建設業界のピラミッド構造を崩壊させる可能性もあります。

（イ）公共工事における入札・契約制度改革

今後は、公共工事における入札・契約制度を改革し、透明性を高める努力が必要です。建設白書にも書かれていますが、談合などを廃して、一般競争入札方式を採用したり、公共工事の入札・契約手続きの透明性・客観性・競争性の大幅な向上、不正が起きにくいシステムづくりなどを進めていかなければなりません。価格以外の技術力などの要素を総合的に評価して、落札者を決定する「総合評価方式」の導入も今後の課題でしょう。

(ウ)建設産業の構造改善の推進

また、不良・不適格業者の排除の徹底、元請け業者や下請け業者からなる協議会などの自主的な取り組みの推進、経営改善・情報化による生産性向上、優秀な人材の確保・育成、雇用労働条件の改善、こうしたこともさらに積極的に進められていく必要があります。

では、こうした状況の中で、中小建設業・工務店はどう生き延びていけばいいのでしょうか。

行政・地域の変化と建設業の重要性

構造改革の中で、地方行政や地域経営が大きく変わろうとしています。「骨太の方針」の中でも、「地方自治・活性化プログラム」として、「個性ある地方の自立した発展と活性化を促進することが重要な課題である。歳出の効率化を図り、受益と負担の関係を明確化するとの観点に立ち、地方財政の立て直しを行う。」「水道など地方公営事業への民間的経営手法の導入を促進し、介護福祉、まち作り、リサイクルなど社会事業を担うＮＰＯの支援強化など地方の活性化を図る。」「意欲と能力のある経営体に施策を集中することなどにより、食料自給率の向上等に向け、農林水産業の構造改革を推進する。また、地方の活性化のために、都市と農山漁村の共生と対流、観光交流、おいしい水、きれいな空気に囲まれた豊かな生活空間の確保を通じ美しい日本の維持、創造を図ることが重要である。」と述べています。これからの日本の地方の進むべき方向、都市との対比における役割が述べられています。

ここに描かれているのは、これまでの日本の地方を形成してきた「国土の均衡ある発展」ではなく、行財政の効率化を図りつつ、他地域との競争の中で、地域自体が勝ち残らなければ、住民に豊かな生活を約束できないという厳しい現実なのです。今後は、地域が一つの経営体となって、行政が経営のリーダーシップをとり、住民と協力して、大企業の進出を頼ることなく独自に産業を根付か

ＮＰＯ
市民活動やボランティア活動をする民間の非営利組織。一定の要件を満たせば、市民活動団体やボランティア団体でも容易に法人格が認められ、税制上の優遇措置が受けられる。

せ、地域の雇用を吸収していかなければならないのです。そこで、行政も目標を定めて達成し住民満足度を高める「行政経営」や、地域活性化（地域経済の活性化・持続的発展）を目標に政策の優先順位を決め、実行する戦略的な「地域経営」が必要になります（次ページ図参照）。

筆者は、地方が単に「人間的な美しい暮らし」を約束するだけでは住民を満足させることができない、何らかの経済的な満足・経済成長がないと地域経営は難しいと考えています。経済成長の担い手をミクロで見ていった時に、地域の経済を担うのは、ＩＴやバイオといった技術型ベンチャーだけでは足りず、雇用を大きく吸収し得る医療・介護福祉・建設といった、従来から存在する産業であると考えます。より具体的には、構造改革を乗り越えて地域を活性化させるには、

①地域における新たな産業集積の育成（地方公共団体と民間による地域設計）
②新たな産業集積の形成における中小企業の活用（創業・ベンチャーを含め自立した中小企業の育成）

バイオ
　バイオ・テクノロジーの略語。「バイオロジー（生物学）」と「テクノロジー（技術）」を組み合わせた用語。人間の生活に役立つよう、生物の働きを上手に利用させる技術。

行政経営・地域経営

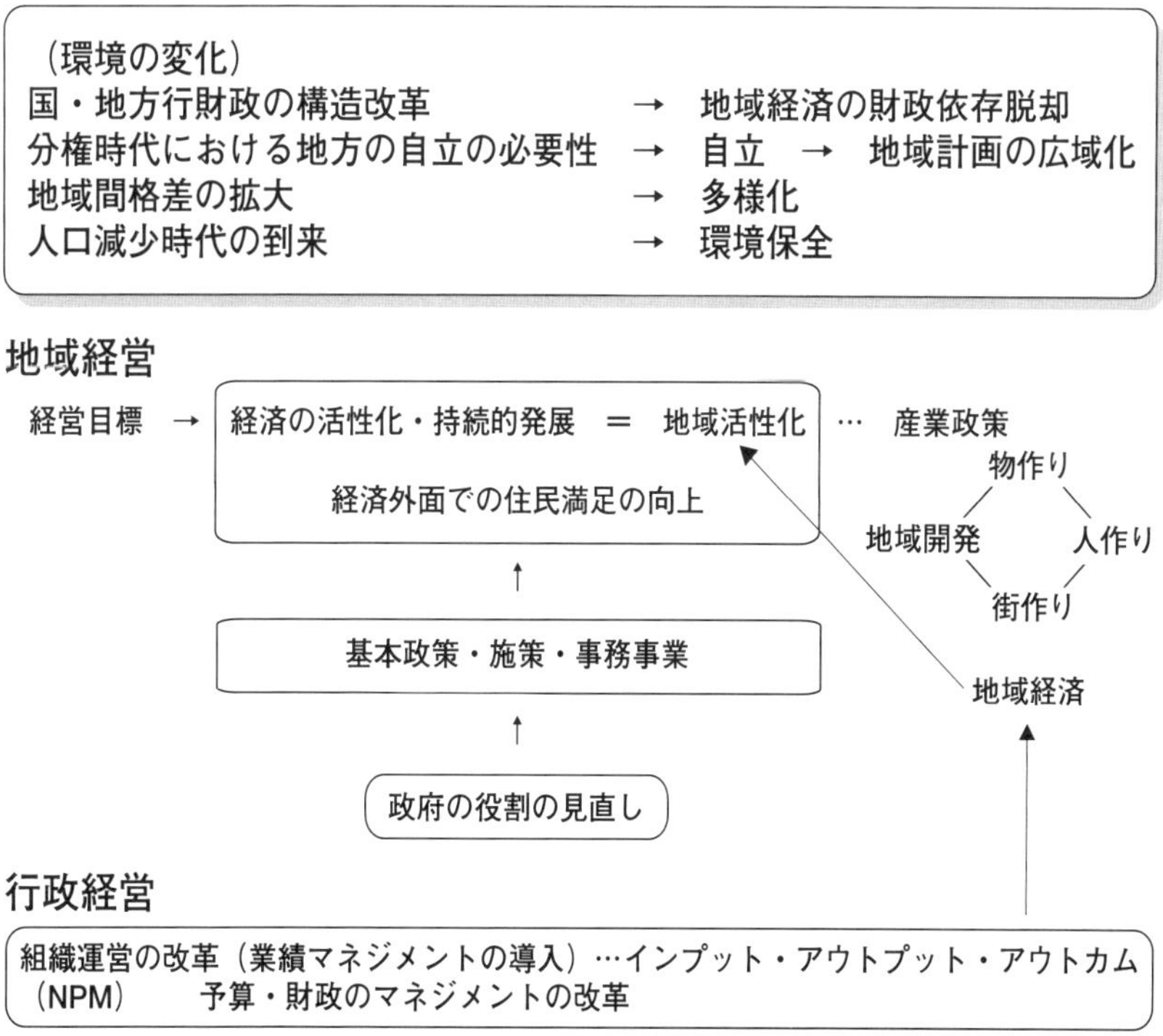

資料:日本総合研究所・菊森作成

ＮＰＭ＝New Public Management
新しい公共管理のこと。民間企業経営の手法をできるだけ公共部門・行政に取り入れようとする考え方。ＮＰＭの中味としては戦略、内部管理、外部マネジメントがあげられる。

③地方中核都市の育成と経済圏の広域化（中核都市と周辺市町村のネットワーク化）が必要であると考えます。

従って、財政再建で公共事業が削減されるから建設業は不要であるということではなく、地域の住環境を整備する事業や、本書で採り上げる建築需要はまだまだ多く存在するのです。これまでのように予算消化型の公共事業は不要となるでしょうが、生活を豊かにする建設需要は増加していかなければなりません。従って、大手建設会社、中小建設業・工務店とも、これらの社会的ニーズに応えていくことが必要になります。

第3章　中小建設業・工務店はどんなビジネスなのか

建設業というのは、ビジネスとしてどんな性格を持っているのでしょうか。今後の中小建設会社・工務店の経営を考えていく前提として、まずこのことを確認しておきましょう。結論からいえば、建設業者・工務店の仕事はサービス業です。家というモノを売っているのですが、それは画一的な製品ではありえません。個々の顧客の具体的な生活ニーズに応え、家づくりを通してそれぞれのライフスタイルやライフステージにあったサービスを提供するという意味でサービス業なのです。

そこからまた、建設業は個々のニーズを受注してはじめて売上を計上できるビジネスという性格を持たされています。この受注産業であるという性格から建設業は特有の問題も抱えています。

1　サービス業

ヒトの要素が大きい

サービス業であるということは、ヒトの要素が大きいということです。建築に携わる労働者の有する能力で、品質やコストが大きく左右されることになります。人手をかけずにサービスを提供することは不可能だからです。その代わり、人が効率的に動けば、時間当たり収益を増大させることも可能です。

人こそがこの業界を担っているわけで、人目に触れるところもまた人です。建設業がデパートなどと同じように、常に人気のある職業となっているのも、こうしたことによるものでしょう。男の子だったら、一度は大工になってみたいと思う、そういう仕事であり、人が担う親しみ深い仕事です。

就きたい職業に関するアンケート

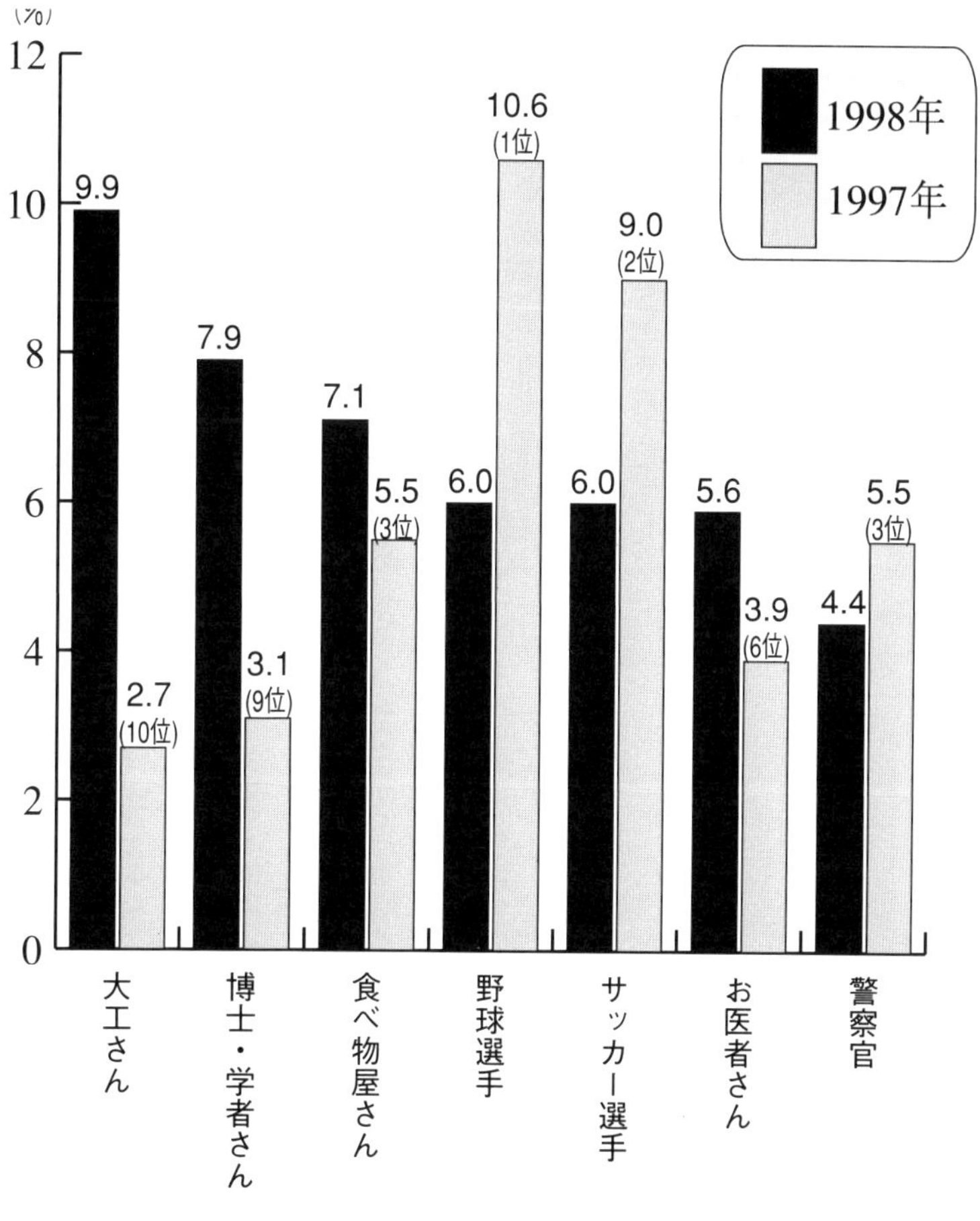

注：調査対象は、全国の幼・児童（保育園・幼稚園児および小学校１～６年生）。
回答は、1998 年調査の上位７位のみ示した。
資料：大手保険会社調べ

出典：「建設白書 2000」

個別対応が不可欠

また、個別対応が不可欠な業種でもあります。画一的な商品では、消費者の満足を得られません。個々の人、個々の家族のニーズに応える「ワン・トゥ・ワン・マーケティング」が必要です。

デザインや内容、アイデアが勝負

さらに、受注してから資材等を調達して生産に取りかかるので、本来は在庫を持たなくてもよい業種です。むしろ建築コンセプトやアイデア、デザインや企画の内容を売ることが第一義の仕事といえるでしょう。

サービス業であるということは、以上のような3つの要素を満たすことを前提に、経営を考えることが必要になります。

同じことを堅い言葉で表現すると、

① 専門の技術提供

② 専門の役務提供
③ 専門の施設提供
④ 専門性のある情報提供
となります（(社) 中小企業診断協会「活力あるサービス業の経営ノウハウ―サービス業の現状と経営戦略の全て」)。
①専門の技術提供
サービス業は、専門的な技術によって、利用客のためにサービス行為を行うことによって対価を得るもので、タクシーなら運転技術、飲食店なら調理技術、理美容ならばヘアスタイリングなどの技術を提供します。これらの技術はおおむねその専門技術者の個人に帰属していますから、常に個人の技術の切磋琢磨が望まれます。
②専門の役務提供
サービス業は、労力や知能等を利用客のために提供して対価を得るもので、ホームヘルパーや介護サービスなど、専門の労力やノウハウを提供してサービ

ス活動を行います。直接的に利用客に接する機会が多いため、心の触れ合いや心理的なサービスが重視され、それだけに、利用客の真のニーズに合った活動が要求される傾向が強くなります。また、役務提供の正確性や合理的な作業処理への配慮も重要な要因となります。

③専門の施設提供

旅館・ホテル、遊園地や理美容業の施設など、それぞれのサービス活動に適応した施設を提供して対価を得るサービス活動です。

④専門性のある情報提供

情報を提供するサービス活動は、特に最近進化が著しく、より高度でより迅速な対応がサービス活動に要求されています。また、最近では、ネットワークによる活動が必然的な経済活動形態になっていますから、どのようなスタイルのネットワークを構築するのかについての明確なコンセプトの確立や、その中での経営に寄与する情報の活用の内容を提言していく高度なサービス活動も要求されています。

コンセプト
概念。事業計画書や企画書を作成する時、その根底となる考え方。

当然、サービス業の大半は、これら専門的な活動を複合的に行っている場合が多く、またその内容は、それぞれの顧客のニーズに適応した対策が必要となりますから、それだけに、一般の流通業や製造業とは違った心理的な経営上の苦労も多くなり勝ちです。

2　受注生産

今の3つの要素とも関係しますが、

① 受注しないと売上にならない

② 受注時期が不確定なので、常に受注に対応できる体制づくりが必要

こうしたことを宿命的に持っているのが、中小建設業・工務店であるといえます。

一方では在庫を持たなくてもいいのですが、いったん受注した時には遅れる

ことなく資材が調達でき、人が雇え、こうしたセッティングやコーディネーションができる機能が必要です（今までは大工の棟梁が一人でこれをやってきたわけですが）。

さて、こうした特色のある中小建設会社・工務店のこれからの経営は、どうあるべきなのでしょうか。次章から具体的に考えてみましょう。

コーディネーション　複数の主体のスケジュール・条件などを調整しながら、一つの建築等のプロジェクトを遂行すること。

第４章　経営戦略が問われる

今、日本の各地で特に地方都市において、古くからその土地に根付いた商店街がさびれてきています。代々営んできた個人商店は、近くに進出してきた大型店や大手のチェーン店の前に価格やサービスの点で遅れをとり、櫛の歯をひくように店を閉じていきます。大型店やチェーン店は大きな資金力を背景にして、次から次へと新たなサービスを打ち出しながら集客力を高めていきます。一方で、個人商店は古くからのなじみ客が店に来るのをただ待ちながら細々と店を開いているのが実情です。

では、中小建設会社・工務店の場合はどうでしょう。押し寄せる大手の住宅メーカーの営業攻勢や宣伝力を前にして、手をこまねいてはいないでしょうか。敵を見定め、自分の武器をみがいていくことが必要です。経営意識と経営戦略をとぎすまし、サービス向上を目指した業態への脱皮がカギとなります。

1　経営意識革命

生業から事業へ

中華料理店でもクリーニング店、理容店でも、どんなサービス業でもそうですが、代々の生業（なりわい）という感覚では、事業を継続して展開し、発展させていくことが難しくなっています。生業としての事業から、近代的な経営へという発想の転換が、まず必要です。特に建設業は、一部に古い体質を持った業種です。まずこれからの脱却が必要になっています。

職人から経営者へ

同じことを言い換えれば、職人という技術者から、経営者になることが求められているといえます。職人というのは技術を持った人で、これまでは技術者は技術のことだけを考えていればいいと思われてきました。確かに、今まではそれでやってこられたかもしれません。放っておいても、腕を見込んで人が注文してくれるというのが職人であり大工の棟梁だったのです。

しかし、これからはそうはいきません。自分から消費者の需要を掘り起こしていく、あるいは、特色を持った技術を積極的に売り込んだり、同業者とどこが違うのかということを明確にできるような経営者になることが求められています。つまり、事業者としてきちんと経営戦略を持って事業に取り組むことが求められているのです。

2　経営戦略とは何か

では経営戦略とは何でしょうか。言葉は少しいかめしいかもしれませんが、これは決して難しいことではありません。経営戦略とは、環境の変化に対応しながら、どの市場に対して、どんな商品もしくはサービスを、どのように売っていくのかという、組み合わせを決めることです。従って、建設業の場合であれば、

① どの市場で受注活動をするのか
② 主力の商品・サービス、つまり「売り」は何なのか

という2つのことを、中・長期的な視点に立って決めればいいのです。

異業種ですが、このことをよく示した事例があります。

[ゼロックス対キヤノン]

複写機メーカーのゼロックスは、1960年代に自らが商品を提供する市場を複写枚数で分け、自社の対象顧客をその枚数の多い大企業と定めました。そして「大量の原稿を短時間にコピーする」というニーズに対応するOA機種を市場に投入したのです。この戦略は成功し、シェアの大幅な拡大につながりました。

これを見て、IBMとコダックがこの市場に関心を持ちました。そして、ゼロックスと同じ市場を対象に、高品質・低価格の機種で参入するいわゆる「後追い戦略」を採りました。

しかしこの戦略は不成功に終わっています。なぜなら、同じ顧客層に対して「高品質・低価格」程度の「独自の組み合わせ」をつくったところで、消費者には違いが分からないからです。ＩＢＭもコダックも、先行するゼロックスとの違いを顧客に分からせることができませんでした。

この後、キヤノンが市場に参入しました。キヤノンはＩＢＭとコダックの失敗を目の当たりにしていましたから、別の戦略を採りました。まず、エンドユーザーのセグメント（市場の中で対象とする部分）を見直し、対象顧客を大企業ではなく中小企業としたのです。さらに個人向けの複写機（ＰＣシリーズ）も投入しました。つまり、品質と価格の両方で、先行のゼロックスとは大幅な差別化を図ったのです。

この戦略は見事に当たりました。キヤノンは新しい市場を開拓し、大きな売上を確保することになったのです。つまり、同様の商品・サービスで参入する場合には、同じ対象顧客では競争に勝てないということです。

エンドユーザー
最終消費者・利用者。

どの市場に、どのような商品・サービスを提供するのかをあらかじめ明確にし、人があまりやっていない分野や、充分に勝てる見込みのある分野で業務を進めるという発想が必要になるということが、お分かりいただけるのではないでしょうか。これこそ経営戦略です。

地域密着を基本に

では、中小建設業者・工務店の場合、市場に対してどう関わっていくべきでしょうか。

まずいえることは、やはり地元密着が基本であり、地元から動くべきではないということです。営業エリアは、大都会なら半径1キロぐらい、地方都市でも半径2〜4キロが目安でしょう。この範囲で、あくまでも地域に根付き、人々の動き・関心を常につかみ、必要に応じて素早く対応して、きめ細かく顧客を開拓していく。こういうことを基本にして市場に関わっていくべきです。また、これこそが、大手ゼネコンやハウスメーカーから、工務店が自らを差別化する方法でもあります。地元への密着度こそ、差別化の大きなポイントなのです。

また、その市場に対して、どんな商品・サービスを提供するのか、すなわちどんな建築物を受注するのか。それもある程度自ら決めていくことが必要です。

特に、地域の顧客に対して、積極的に提案できる商品・サービスをつくる必要があります。いうまでもないことですが、単に「家を建てられます」といってもお客さまは見向きもしてくれません。それは当たり前のことです。どんなことができるのか、自信を持って提案できる自社ならではの商品・サービスをつくること、そして、それを積極的に見せていくことが重要だといえるでしょう。

3　競争相手は誰か

地元にいても、現在では例外なく全国展開している大手の住宅メーカーが入ってきています。それが大きな競争相手となっている地域があることでしょう。また、同じように地元に密着した建設会社・工務店が競争相手である、ということもあるでしょう。まず、競争相手が誰なのかということを特定した上で、そこと違う何を売るかを考えなければなりません。

競争相手のうち、大手の住宅メーカーの動きには注意が必要です。2001年10～12月に、ミサワホーム、エス・バイ・エル、アイフルホームなど大手住宅メーカーは低価格住宅を発売し、大きな反響を呼びました。大手住宅メーカーの一戸建て注文住宅の価格は一坪（約3・3平方メートル）当たり50万円以上が一般的ですが、低価格住宅の中心価格は大体30万円前後です。

これは、2000年の国内新設住宅着工戸数が約123万戸と、最近のピークであった1996年から約25％減少するなど、住宅需要が落ち込んでいることに対応するものです。そして、低価格化に向けて、大手住宅メーカーは、規格化によるコスト削減を図っています。

このような競争相手の動きに対し、地域の中小建設業・工務店は、価格でない「何か」で消費者に訴えかけなければならなくなります。

4　業態化の進め方

差別化は業態化で

では、どうやってこうした競争相手との差別化を図っていくべきなのか。そのポイントは「業態化」です。

業態化とは、

「ある消費者層の生活の場面をとらえて、そのライフスタイルに適合した商品展開を図り、これに合致したサービスや商品販売を行うこと」

です。

ここで大切なことは、相手にするのは「ある消費者層」であり、「全ての消費者」ではないこと、そして提供するものは「ライフスタイルに適合した商品展開」であって、単に「ニーズを満たす」ものだけではない、ということです。お客さまにどういうライフスタイルを提供するのか、そこまで入り込まないと、本当の意味で業態化を図ったことにはなりません。もう少し詳しく、業態化を考えてみましょう。

業態化とは生活提案

今までは、中小建設業者・工務店が提供するのは家であれば良かったのです。しかしこれからは、質の時代に合わせたプランニングやさまざまな提案をしていく必要があります。例えば、「健康・快適」、「バリアフリー」、「高気密・高断熱」、「省エネルギー」といったコンセプトを持った家を提案していくということです。

また、施主の年齢層やライフプランに合った建築の提案も必要です。将来2世帯住宅にする必要が出てきそうだという場合、建築の段階からそれを配慮してつくっておけば、後々無駄なお金がかからない、といったこともあります。施主のライフプランを検討した上で、工事の予算と内容を決めていけばいいでしょう。

大手住宅メーカーは、こうした小回りの利く、個別対応のできる家づくりは苦手です。ここにこそ地域の中小建設業者・工務店の大きなメリットがあるわけです。もし自分でそれができないと感じるのであれば、設計事務所とのタイアップを考えてもいいのではないでしょうか。設計事務所の側からいっても、単なるデザイナーのままでは、いわば自己満足の世界であり、生活者の生活習慣や好みの変化を知らないと生き残れないという面もあります。設計事務所としても、こうした案件に積極的に取り組むことによって、これからの展望を切り開いていくことができるでしょう。

では、具体的にどうやって業態化を実現していけばいいのでしょうか。

現在の一般的な建築業者という存在から、どこを変えていけばいいか、具体的に考えてみます。次の点を振り返ってみてください。

・顧客層はどうなっているか？

・商品・サービスの内容は今のままでいいか?
・立地はいいか?
・店構えはどうか?
・価格は?
・販売促進方法は?

切り口はそれほど多くはありません。

これらのどこかを変えていったり、新しく組み合わせていくことによって、業態化を実現することができます。具体的な顧客層をイメージし、その顧客層に高く評価される業態を目指すというのが、本来の業態化の手法ですが、建設業界の場合、簡単に店舗を移動することができな

業態化チェック項目

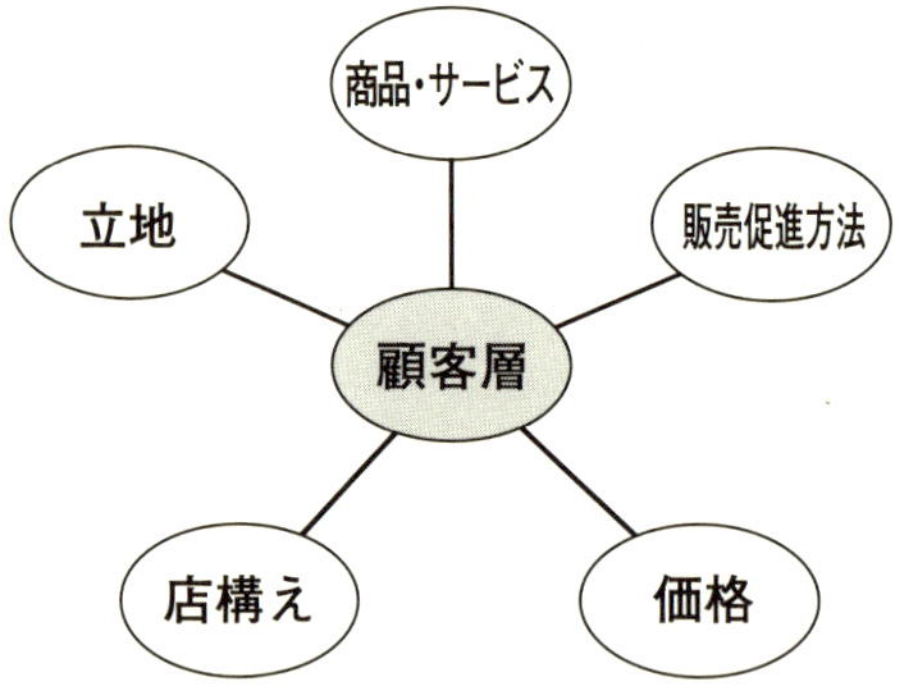

いという条件がありますし、すべての顧客を相手にしたいという気持ちが強いので、業態化の手法もある程度絞られてくるといえそうです。それについては、のちほど成功事例でご紹介しましょう。

繰り返しになりますが、業態化は非常に重要なコンセプトです。目先の問題を解決するのなら「戦術・手法」でいいのですが、経営を根本的に見直すという意味で、業態化は「戦略」そのものです。

病気の治療にたとえれば、高血圧症状を解決するために、血圧降下剤で一時的に症状を改善するのではなく、より長期的に効果を上げる食事改善や、運動療法を採用する、というのが、業態化にあたります。

異業種の事例で業態化の推進を具体的にみてみましょう。

取り上げるのは神奈川県あざみ野の食品スーパーの「マザーズ」です。

食品スーパーは、これまではただ食品を並べて売る、というところが多く、おしなべて経営は悪化しているのですが、その中で逆に大きく伸びているのが「マザーズ」です。

［食品スーパー・マザーズ］

「マザーズ」は1996年にオープンしました。取り扱う食品を、有機農作物、無農薬・減農薬野菜、無添加のものに特化しているのが大きな特徴です。環境問題への関心が高まっているだけでなく、高齢化の進展に伴って、食料消費量が減少し、質の向上が不可欠になることをあらかじめ予測して、量より質を求めた食品スーパーになることを目指しました。

業態化の重要な要素として、「顧客の生活課題を解決する」ことがあることは、前にご紹介したとおりです。専門的には「ソリューション・セリング」と呼んでいますが、顧客の生活課題を解決するため、商品・情報・サービスを編集・集積し、顧客個人の状況に応じて提供するという、生活をテーマとして創造された小売り形態です。まさに「マザーズ」は、ミール・ソリューション企業、つまり食事に関する問題解決を目指した企業になろうとしたわけです。

情報発信が業態化の本質

顧客には、何か解決したいと思っていることがあります。その琴線に触れるような、解決して欲しいと思っていることにフィットした売りをしていくと、大きく業績を伸ばすことができるのです。

他にも同じ食品業界で、好例があります。

最近は不況の影響もあって、共働きの家庭が増えているのですが、その結果、夕方の買い物に長い時間を割きたくない、割くことができない、という人が増えています。毎日夕食のメニューを考えるのすら面倒です。そこでそういう人のために、いくつかのメニュー提示をして、このメニューをつくるには、これとこれとこれがあればいいですと、パッケージにして売っているのです。

つまりここで売っているのは、「食材や食品」ではなく「食事」そのものです。業態化を考えていく場合には、このように「ライフスタイルを売る」という発想が大切なのです。

商品をどう店頭に並べるかという商品陳列のレベルを超え、顧客の生活テーマに基づいて、情報・サービスをミックスすること。これが業態化であるといえるでしょう。

同様の業態化の例に、ホームヘルスケア・ソリューションがあります。高齢者が在宅で暮らす傾向は、総人口に占める高齢者の絶対数が増えているだけでなく、介護保険制度の創設を背景にした在宅介護の推進の動きの中でますます増えています。住まいのバリアフリー化などが求められていますが、その場合も、単に手すりを設置する（手すりという商品を売る）のではなく、その家で暮らす高齢者の生活の様態や家族構成などを踏まえ、情報・サービスをあわせて健康に配慮した安全な暮らしというソリューションを売っていくことが必要になるでしょう。これも業態化の例といえます。

業態化の対象は広い

建設業に焦点を当てて、業態化をさまざまな角度から、事例を交えて考えてみましょう。

業態化で成功するためには、まず具体的な顧客層をイメージすることが大切です。

（ア）対象顧客

対象顧客としてシニア層を意識した展開で大きく成長した企業があります。新潟県で事業を展開する中堅ゼネコンの株式会社石橋組（新潟県柏崎市）です。もともとは土木工事をかなりの比重でやっていたのですが、いずれこうした土木工事は先細りになることを予測して、マンション建築に乗り出すことにしました。しかし、ただマンションをつくるだけでは、東京から進出してきている大手のマンション業者に勝てません。そこで、土地をもっているオーナー向けに、遊休地を活用したマンション建設を提案することにしました。土地活用のビジネスの一環として、マンション建設を提案していくという路線を採ったのです。もちろん、自社のノウハウや仕入れルートを活かして低価格の素材をうまく使い、高利回りの不動産投資になるように設定しています。

同時に石橋組では、木造のグループホームの建設にも乗り出しました。個人住宅も手がけているのですが、今後の高齢化社会をにらんで、高齢者がそこで共同生活するグループホームの建設を始めたのです。グループホームは現在、高齢者の生き甲斐やボケ防止などの観点から注目されているものですが、こうしたものの建設に特化して、この分野でもシェアを伸ばしています。なお、最近この分野へ、大手住宅・建設会社も力を入れ始めています。例えば、東急ホーム（東京都渋谷区、社長　芦野洋雄氏）は、比較的健康な高齢者が共同で生活する賃貸集合住宅「グループリビング」の建設需要を開拓することを公表しています。同社が得意とする東急田園都市線の近郊地域は、東急グループが大規模宅地開発を手がけた地域で、居住者の高齢化が進んでおり、介護関連の建設需要の潜在力が大きいと考えています（日経産業新聞２００１年10月５日付け記事）。

石橋組は、商品を変え、顧客層も変えて事業展開をして成功しています。なぜこうしたことができるのかというと、提案型の営業ができるということが背景にあるのです。つまり、そういう企画・提案ができるセールスマンがいる。人材を非常にうまく使ったことで可能になった展開といえるでしょう。

石橋組の土地活用事業５つのノウハウ

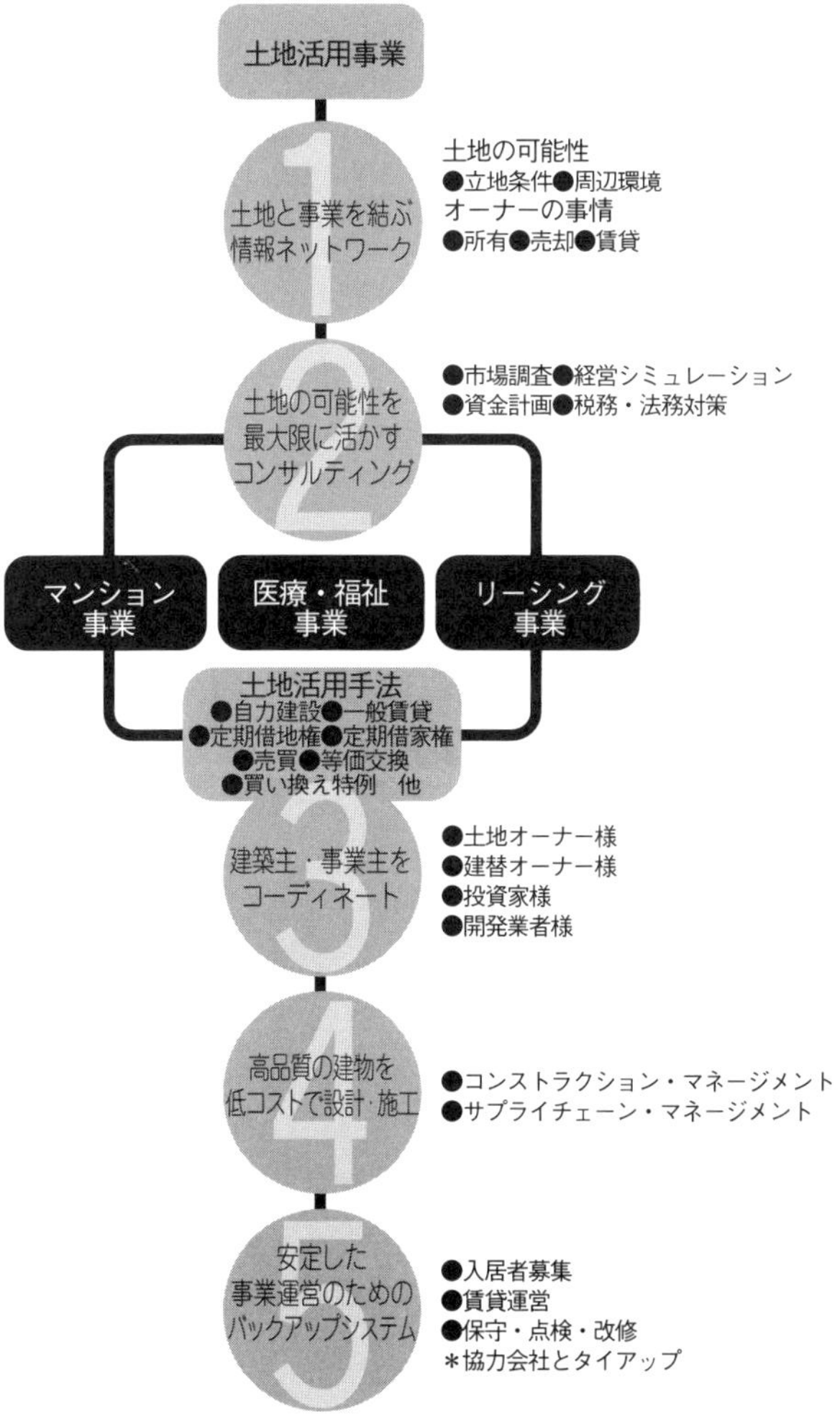

石橋組パンフレットより

実は新潟県では、上場企業を含め経営破綻した建設会社がいくつかありました。石橋組はそうしたところから優秀な人材を吸収して展開を図ってきているのです。

建設業はしきりに頭打ちであるとか、不況業種とかいわれているのですが、石橋組のように伸びている企業もあります。その大きなポイントの一つは、増加するシニア層に注目したということにあります。シニア層に着目した福祉関連事業などは、今後、予算制約はあるものの、小泉内閣の下で急速に拡大するとみられていますから、今後も有望なマーケットであることは間違いありません。

業態化はこうした顧客層の絞り込みが一つのポイントです。もう少し詳しくシニア層の動向を見ておきましょう。

シニア層の動向

シニア層と呼んでいるのは、55歳以上の層で、一般に「高齢者層」と呼ばれる65歳以上の層とは区別します。高齢者層も総人口に占める割合が年々増えており（２００１年７月１日現在で２２６８万人、総人口に占める割合は17・３％）、今後25％まで上昇する見込みで、この層の重要性も増していきますが、消費行動の面からは、当面シニア層が重要だといえます。

　というのも、今後、この層の人口が増加していき、しかも子供が自立していった後、可処分所得（所得から税金などの必要経費を差し引いた、自分が自由に使える所得）と時間の両面で余裕のある層になるからです。またこの層のかなりの部分がいわゆる団塊の世代で、自分が必要と思ったことには、惜しまずお金を使う世代です。

シニア層（55～64歳）の消費動向予測

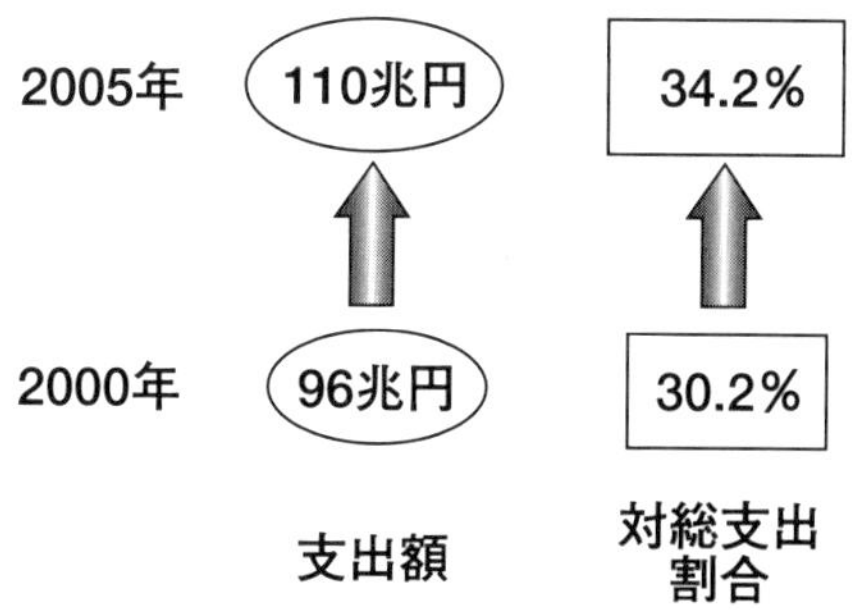

　実際、すでにシニア層の支出は、２０００年には96兆円と総支出の30・２％を占めていますが、これが２００５年には１１０兆円、34・２％へと増加する

と予測されています。

またこの層は、まだ総じて健康で、60歳でも働ける元気な人が多く、ある程度自由に使える時間も出てきて、自分の楽しみを満足させる趣味回帰への消費が多くなってきているという特徴もあります。

旅行業界ではよく取り上げられる例ですが、このシニア層に的を絞って業績を大きくの伸ばした旅行会社がニッコウトラベルです。よく知られているように旅行業界はおしなべて経営環境が厳しい状況にありますが、同社は業績を順調に伸ばし、1992年2月に店頭公開を実現しました。売上高に対する経常利益も高く、大手が数%で薄利多売とならざるを得ない中で、約8・5%という経常利益をあげています。

このニッコウトラベルは、中高齢者を対象としたツアーを専門にしています。お年寄が四つ星以上のホテルでゆったり海外旅行を楽しめるツアーや、ヨーロッパの川くだりの船旅のツアーなど、特色のある企画をしているほか、中高齢者向けにボリュームのある洋食よりも消化に良いサンドイッチやスープの特別メニューをそろえたり、移動距離や時間を極力短くして疲れにくい旅行を工夫するなどということを企画しています。従来海外旅行といえば、若者向けの安いツアーが主流でしたが、ニッコウトラベルは中高齢者の旅行という新しい市場をつくりあげたといえるでしょう。

団塊ジュニア世代

シニア層の他に、注目されるのが若者層です。特に団塊の世代の子供の世代、いわゆる団塊ジュニア世代の動向には注目する必要があります。この年代の人口は相対的に大きくなっていますし、この層がどう行動するかによって、日本の経済を大きく変えていく可能性もあります。

この層は20～30代のサラリーマンやＯＬで、流行に敏感で、トレンドをつくっている層です。経済的には、男女とも晩婚者や独身者が増えてきて、可処分所得は増加しています。ただし、シニア層ほど時間はありません。

最近はこの層もやや動向が変化してきており、特に地方で顕著ですが、可処分所得は依然高いものの、ある程度の年齢で結婚した方がいいと思う傾向が出てきています。地方では今後、この層に向けたマンションや戸建て住宅などのニーズが出てくるでしょう。

また、彼らは一般的には、お金をかけるべきもの、かけるべきでないものの区別を自分なりに持っています。ですから、一つでもこれがいいと思うものがあれば買う。一点豪華主義といいますが、家づくりにしても全体としてはそれほどお金はかけられないわけで、一つだけでも誇れるものがあればいい、というふうに動きます。

この心理をうまくついた例をご紹介しましょう。これは業態化の中でも、商品の内容に着目した事例です。

(イ) 商品内容

もともと建設業界では、提供する「商品」を技術・建物と考えている中小建設会社・工務店が多いのですが、本来は生活提案であるべきだと思います。生活提案とは、居住物件であれば住まい方、賃貸マンションならこれだけ利益が上がるということ（事業計画）の提案です。

例えば、顧客のライフプランに合わせて、将来相続などの機会に建て替える可能性がある場合には、簡単には建て直しが利かないマンションでなく、鉄骨プレハブ二階建ての建物を提案することが顧客にとって有益でしょう。これは次の商売に結びつくともいえます。

また、提供する商品を模型や写真、完成物件でマーケットに示す工夫も必要です。いわば得意技を商品化するわけです。現状では、商品が見せられないから、顧客に選ばれない、という流れになっています。強い商品があってそれを具体的に示すことができれば、他のものもできると思わせることができるでしょう。

先ほどの石橋組と同じ新潟県の企業ですが、商品内容に関してはA社が参考になります。

〔顧客データベースを駆使して商品を提案するA社〕

A社は、集成材を利用した在来工法による高付加価値建築を進めています。同社はガーデニングにも強く、雑誌の「クロワッサン」で採り上げられている商品を揃えて、比較的若い主婦層にぴったりの家づくりをし、業績を大きく伸ばしました。即ち、「庭と緑のある明るい住まい」を提案しているのです。しかし、これは誰でも簡単に真似できるものではなく、若い主婦層の消費動向を長年にわたって研究し、顧客データベースを構築して来たからこそできることなのです。十数年来手づくりの「住まいづくりかわらばん」を発行、雑誌クロワッサンから生まれた生活雑貨の「クロワッサンの店」を開き、そこに来る人にかわらばんを渡すことで、クロワッサンの店との相乗効果で家づくりのマーケティングを進めています。ですからマーケティングの費用はほとんどかかっていません。お店に来る人に、チラシを渡すだけなのです。

同社が「庭のある家づくり」を勧めている背景には、近年のガーデニングブームがあり、また、市内の別のショップでは花も売っています。首都圏で

クロワッサン
女性向け生活雑誌。時代の流行やライフスタイルを先取りし提唱することで人気が生まれた。

データベース
コンピュータ上に蓄積されたデータの集まり。

は、第一園芸（東京都渋谷区、江口淳社長）が、ガーデニングや花の需要拡大に対応するため、住宅地（自由が丘、吉祥寺、国分寺、国立など）に多店

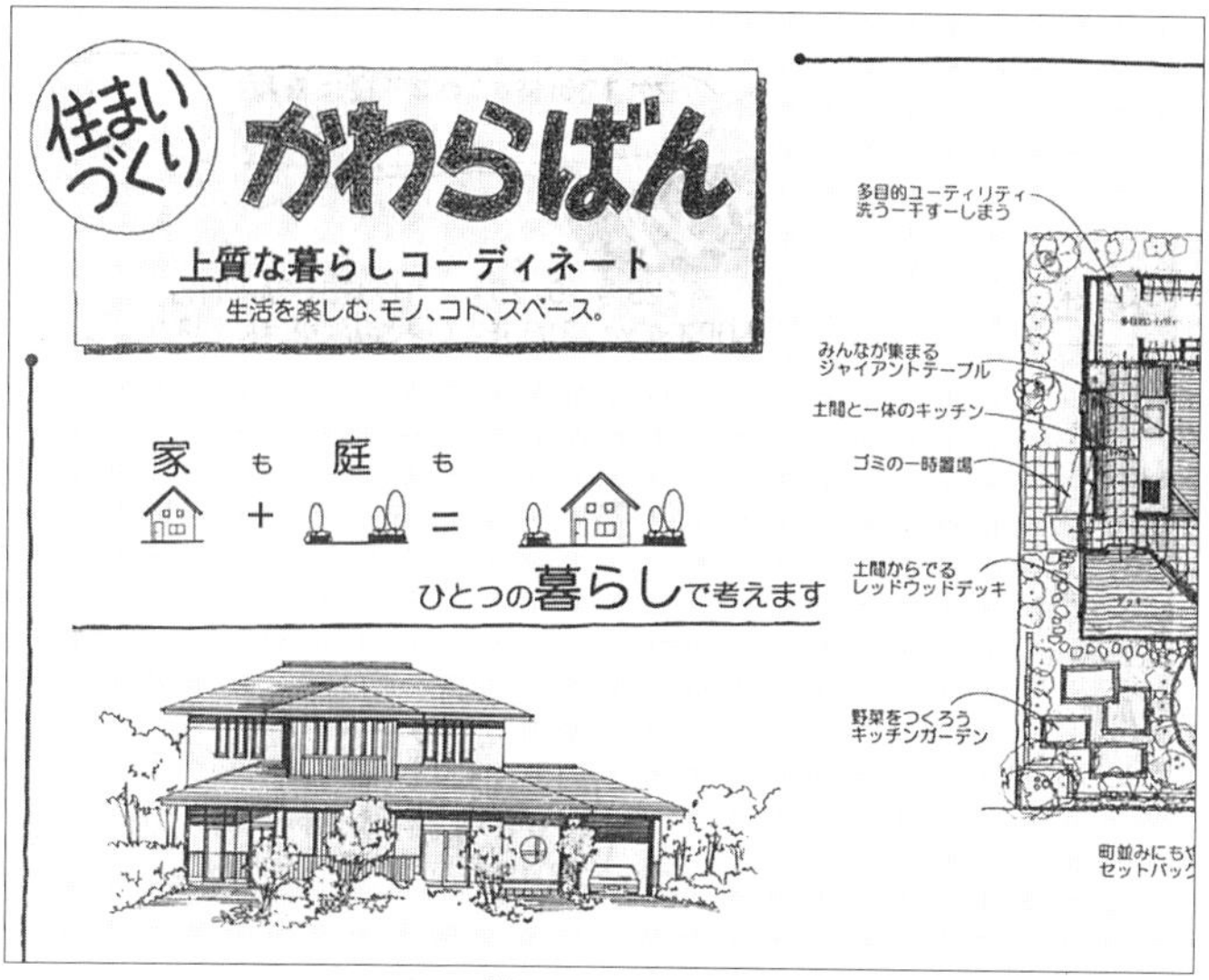

A社のチラシ

A社の「クロワッサンの店」

ニイガタシステムデザイン：NS工法のパンフレット

舗展開する戦略を打ち出していますが、これと相通ずるものがあります。

日本の中小建設会社や工務店をよく見ていくと、商品の部分ではいろいろな工夫を凝らしているところが少なくありません。逆にいえば、そこにしか独自性が出せないということもあるわけですが、大手住宅メーカーではなかなかきめの細かな対応ができないということもあり、いろいろな商品を出しています。また、そういう工夫をしているところが、順調に業績を伸ばしています。

例えば、新潟県のニイガタシステムデザインでは、ソーラー発電を使ったオール電化の家づくりをしています。オール電化の家は炎が出ないため、高齢者の安全という面からも注目が高まっています。

また、長崎県の吉田建設工業では、「ノンクレーム住宅」と銘打って最低60年は持つ家づくりを売りにしています。

東京都のタマデンハウジングは、高断熱・高気密設計を取り入れた快適健康住宅を提供しています。今でこそ、こうした住宅を売りにしているところも少なくありませんがいち早く取り組み、成功を収めています。

ノンクレーム
クレームが出ないこと。

それから少し変わったところでは、新潟県の成田建築があります。もともと神社仏閣の建築で高い評価を得ていた会社で、コンスタントに1年に1棟は今もこうした建築に取り組んでいます。その伝統技術を活かして、和風住宅に強みを持っています。

東京都の三和建設工業は、10坪、15坪という狭小敷地に対応した住宅の企画提案力に優れた会社として定評があります。

静岡県のムラカミという会社は、もともと福祉機器の設置を行っていた会社で、そのノウハウで、福祉機器を組み込んだ建築に強みを持っています。福祉機器のレパートリーが広く、調達ルートも豊富に持っていることから、こうした機器についてはかなり細かなニーズにまで対応できるという強みを持っています。

(ウ) サービス方法(営業方法など)

次に、サービス方法に特色を持っているところを見てみましょう。

東京都の佐藤工務店は、顧客や業者を交えた懇親会でコミュニケーションを図り、業者一丸体制の家づくりをしています。これは最近ではいくつかの建設会社でもやっていますが、まず工事を始める前に、顧客、業者が一堂に会するわけです。つまり誰が施工するのか、ということを見せる。こうすると、住む人の顔が分かりますし、懇親会までやった以上、変な仕事はできない。近隣の方への挨拶もきちんとしたり、現場周辺の掃除も行き届くといった副産物もあって、近隣からのクレームの少ない家づくりができるという効果もあるようです。

また、静岡県の幹（みき）工務店では、契約前に住宅の模型を施主に渡したり、繁栄する家相の家づくりと称して、家相をきちんと見ることをしています。こうしたことが全国どこでも同じように歓迎されるかどうかは分かりませんが、少なくとも静岡県の地元では大変好評を得ているということです。

長崎県のタケダ建設工業は、リフォーム専門というところまで思い切って特化し、特にバリアフリーのリフォームを展開して成功しています。これからの住宅マーケットを考えた場合に、今までと同じペースで新築住宅が建つことは考えられません。少子高齢化が進めば、代替わりの段階でも親と同居し続けたり、住まいの新築にはお金をかけたくないという人も出てきます。従って、リフォームのニーズが大きくなるでしょう。金額としては小さくても、大事なマーケットであり、ここに特化して事業を進めていくことも考えられます。

(エ) 出店立地

出店立地を見直すことも、業態化を検討する上で一つのポイントとなります。他のサービス業では、従来の駅前立地から郊外のショッピングセンターへの出店(郊外化)、モータリゼーションに対応した幹線道路沿いへの出店(ロードサイド化)などの動きが出てきています。建設業の場合はこれまで店の立地は、極端にいえばどこでも良かったわけですが、今後、顧客との接触を強めていく意味では、入りやすい店のつくりや立地の再検討も必要になるでしょう。後で触れますが、インターネットの活用も大きなポイントです。

付加価値をどう見せるかを考えた経営が重要

以上のように、業態化によって自社ならではの強みをつくり、そこに経営資源を集中してそこで収益を上げていくことが重要です。その場合、どのような業態化を実現するにしても、共通して重要になるポイントが一つあります。

それは「住宅メーカーには対応できないきめ細かいニーズへの対応」ということです。消費者の側からこんな話を聞いたことがあります。「住宅メーカーの営業には全部話さない、話すと逃げられなくなるから」というのです。住宅メーカーの営業力が非常に強いことが背景にあって出てきた感想でしょう。また、友人や知り合いの工務店や設計事務所にも頼みたくないという声もあります。頼んだ相手が友人では、たとえプランやデザインが気に入らなくても、いいにくくなってしまうからです。

このどちらでもないのが、地元の工務店であり建設業者だといえます。ある程度言い分も聞いてもらえるし、営業力もあまり強くないので、逆に安心して頼めるのです。実際、この心理をうまくとらえて、地元で多くの受注を取っている工務店もあります。

いずれにしても、自分のところにしかできない技術やサービス、気遣い、人間関係など、付加価値の部分で顧客を獲得していくというのが、今後の地域の中小建設業、工務店の採るべき方向性だといえるでしょう。

第５章　売上を増やすにはどうしたらいいか

売上を増やすには顧客を増やすことは当然ですが、「顧客」と一言でくくってしまっては何も変わりません。顧客を「顧客層」というふるいにかけ、ターゲットの特徴を知り、しぼり込むことが売上増大につながります。また管理の徹底化が可能になります。

また、売上増と同時に利益を増やすという視点が経営の一方の柱です。そして、利益を生む体質をつくり上げるために目指すべきは、まず、コスト削減です。コスト削減の最適なツールとしてのナレッジ・マネジメントについて導入を考えていきます。

1　売上を増やすためには

顧客数の増加対単価アップ

一般的にいえば、売上を増やすためには、顧客層の増加と単価アップが必要です。しかし現在のようなデフレの時代に、単価アップは極めてとりにくい選択です。単価アップが望めず、価格は据え置くということにするならば、製造コスト（特に建設資材部分）を下げて、付加価値部分を見せながら、総額アップを目指すという形にしていくべきでしょう。

例えば、ただ家をつくるというのなら今まで５０００万円だったものが、デフレの恩恵もあり４０００万円でできる。しかし、そのまま４０００万円で売るのではなく、１０００万円浮いた分で、もう一間つくるとか、贅沢な仕上げ材を使うといったことを積極的に売って、総額としては従来と同じ５０００万円の、あるいは５５００万円の受注をつくり出していく、というふうに考えたいということです。

他方、顧客数の増加は、地元顧客の掘り起こししかありません。そのために一番強力なのは口コミです。チラシを撒いてもほとんど効果のない時代ですから、口コミを大事にしていくことが必要でしょう。もちろんそのためには、既存の顧客にいい評判を取らなければなりません。

ところで口コミにはいろいろなレベルがあります。工務店の評判が噂になるのは、いわば大衆居酒屋的なところ、設計事務所は町のサロン的なところとでもいえるでしょうか。地域ではいろいろなレベルの口コミがあることを念頭に置いておく必要もあるでしょう。しかも、建築のみならず、リフォームなど、長期間にわたる付き合いを大切にして、「延べ顧客数」を増加させることが必要です。

既存顧客と新規顧客

（ア）既存顧客

しっかりしたアフターサービスが再受注につながります。この部分で、どれだけ回転させられるかということが大切です。

（イ）新規顧客

既存顧客からの紹介がメインです。施工した住宅に顧客が満足し、その結果、積極的に見込み客を紹介してもらえるようにすることが必要です。

顧客層の分類

顧客層を考えて見ると、大きくは次の二つに分かれます。

① 一次取得層

② 改築・建て替え層

このほかに投資用に不動産を求め、その有効利用を図る人もいますが、一般の住宅の顧客層は、この二つと考えていいでしょう。

一次取得層は、年齢も若く、安く一般的な家を求める傾向があります。これに対して、改築・建て替え層というのは、個性的な家を求める傾向があるといえるでしょう。中には、相続税対策で賃貸兼営の家を求める人もいます。

一次取得層が求める住まいには、住宅メーカーでも対応しやすいかもしれませんが、改築・建て替え層の個性的な家の要求に対しては、在来工法を手がけている工務店にしか対応できないのではないかと思います。従って地域の工務店はまず、②のマーケットをメインに考えていくべきだと思います。ただし売上高からいえば、①の顧客層も重要ですので、それについてはアンテナを張っておくことが必要です。マーケティングとしては②の部分が重要であり、ここでは競争の中でも誰にも負けないところだといえると思います。

ただ、最近では、長引く不況の中で、②のマーケットの中でも、建て替えから金額の小さなリフォームにシフトしていることに注意することが必要です。2002年1月13日に殖産住宅相互が民事再生法を申請しましたが、この背景には、顧客ニーズの変化を読み切れず、経営戦略の転換ができなかったことがあります。同社が得意とする注文住宅の主要な顧客層は40歳～50歳代の建て替え・買い替え層でしたが、不況とデフレ、雇用不安のため、住宅の新規購入や建て替えを控えています。皮肉にも、ミサワホームと並んで同社の協力会社となるペイントハウスは、リフォームから出発し、建て替えも含めた提案型営業で伸びて来た企業であり、経済環境・消費者動向への戦略対応が明暗を分ける結果となりました。

このリフォーム市場に向けて、住宅関連業界が対応を急いでいます。住宅の新築は、少子高齢化、世帯数の頭打ちなどにより今後は減少することが予測されますが、新築に代わって増加が予測されるリフォームの重要性が高まっています。２００１年10月21日、トステムとＩＮＡＸが経営統合しましたが、ＴＯＴＯと松下電工も新商品開発や資材の相互供給で提携するなど、住宅設備メーカー業界では主としてリフォーム市場を巡って再編が進められています（日刊工業新聞２００１年10月１日付け記事）。

顧客とのコミュニケーションが売上向上の鍵

中小建設業界の特徴の一つに、口下手な人、あまりしゃべらない人が多いということがあります。別にべらべらしゃべるのが良いとはいいませんが、話さなければならないことがあります。

顧客は必ずしも、自分のニーズが分かっていません。家は建てたいけれど、ではどんな家が建てたいかというと、決して具体的ではないのです。具体的になるまでには、大変な時間がかかる。そのニーズをうまくつかみ取って形にし、早く受注するということが一つの技術になります。そのためには、いろいろな話をすることが必要でしょう。カタログなどをうまく使い、イメージを固めてあげることも必要です。

その際、大手の住宅メーカーがつくっているような典型的なカタログではなく、今まで手がけたものの中から個性的なものをピックアップして編集したり、デザイン・仕様を決めてもらいやすいように工夫することも大切でしょう。こうしたツールを使うことによって顧客とのコミュニケーションも豊かになります。自分たちにしかできないコミュニケーションづくりが必ずあるはずですから、それを工夫してください。

リフォームを含むマーケティングの工夫も有効

私鉄の沿線などで、昭和40年代から50年代頃に、大規模に造成された住宅地が少なくありませんが、こうした地域では、最初に建てた家がかなり古くなってきたり、子供が独立し、あるいは孫を連れて戻ってくるなど家族構成が大きく変わって、改築・増築のニーズが高くなっているケースが多く見られます。こうした造成地に営業の的を絞って、一斉ヒアリングを実施するといったことも有効でしょう。

そもそも「フローからストックへ」という大きな流れの中で、住宅リフォームのマーケットは確実に大きくなっており、(財)住宅リフォーム・紛争処理支援センターのまとめでも、99年の数字で市場規模は5兆1300億円と10年前の1・5倍です。リフォームは築後15年頃から発生頻度が高まり、20年超でピークになるといわれますが、現在の日本の総世帯数の50%以上が20年を超えていることを見ても、リフォーム市場は今後も拡大の方向にあるといえるでしょう。リフォームは今後の重要な業務です。

また、異業種・組合などとの提携によって顧客を紹介しあうことも有効です。葬儀社と病院事務長の提携などはよく知られていますが、今は建設会社の社長のアイデアだけで、受注を増やせる時代ではありません。異業種との提携を積極的に進めることも重要でしょう。

2　顧客管理の徹底

売上の拡大のために必要なことの一つに、顧客管理の徹底ということがあります。住まいというのは、一生に一度、せいぜい二度の大きな買い物です。そういう意味では、一対一対応以外のマーケティングはありません。一対一の相互関係をどれだけ密接につくれるか、それがとても大事なことです。

この一対一の相互関係は、「ワン・トゥ・ワン・マーケティング」として盛んに提唱されています。消費者全般に対してではなく、個別の顧客との一対一の相互関係を前提としたマーケティングのことです。

背景にあるのは、消費者の個性化・多様化です。IT（情報技術）を駆使して、顧客一人ひとりを把握し、それぞれの顧客のニーズに合った製品・サービスを提供するというもので、近年重要性が高まっています。

さまざまなポイント制の導入も、ワン・トゥ・ワン・マーケティングの一つです。航空会社のマイレージサービス、百貨店や家電量販店のポイントサービス、ドラッグストア・紳士服専門店・ホテルなどの業界でも採用されています。マイレージサービスの発案者は「アメリカン航空」です。同社は当初、スーパーマーケットが行っているポイント制を参考にして、「アドバンテージ」というプログラムを実施しました。搭乗1マイルごとに1ポイントを提供し、貯まったポイントと交換に、ハワイ旅行やヨーロッパでのバカンスに顧客を招待することにしたのです。これが、アメリカン航空の優良顧客の獲得と固定客化を実現し、同業他社に対する競争力の優位をもたらしました。

あらゆるサービス業にとって、顧客満足（カスタマー・サティスファクション）を高め、固定客を増やすことは最大の経営目標です。その手段として、ワ

マイレージサービス
航空会社のポイント制度のこと。航空会社を多く利用した長いマイル数を乗った人に無料航空券などの特典を付けて優遇するサービス。実質的に割引・ディスカウントになる。

ン・トゥ・ワン・マーケティングが用いられるわけです。

典型的なワン・トゥ・ワン・マーケティングの成功例を、異業種の事例で見てみましょう。

大阪にザ・ビッグスポーツというスポーツクラブがあります。ホテルなどとともにスポーツクラブはサービス業の典型といわれ、顧客の固定客化をいかに図るかということがマーケティングの大きなポイントです。ところが一般に、フィットネスクラブ業界は会員の退会率が非常に高く、年間の退会者が在籍者に占める割合は56%に上っています。ところがザ・ビッグスポーツの退会率は、30%台前半と低い水準にとどまっています。

なぜここまで低くできたか。その理由の一つとして、顧客の体調に合わせたメニュー提示やホテル並みの接客を実施していることが上げられます。スタッフを「アニメーター」(元気付ける人の意味)として育て、その存在によって顧客の定着化を図っているわけです。このアニメーター制度は、単なる担当制ではありません。顧客の担当制を敷いている会員制クラブはいろいろありますが、そのほとんどは顧客を固定化できるほどのサービス提供はできていないのです。ところが、ザ・ビッグスポーツでは、トレーニングメニューやカルテの作成はもちろん、顧客の体調に合わせて1回ごとのメニューを変えるなど、さらにきめの細かい対応を実現して、ワン・トゥ・ワン・マーケティングの徹底化を図っているのです。

もっとも住宅の場合は、固定客化といっても一度建てると次に建てるまでには相当時間が開くわけで、丁寧なアフターケアの中から、親戚や知人などの情報を引き出して、新たな顧客を獲得していくということになるでしょう。また、アフターケアの記録を取って、パソコンなどのデータベースに蓄積していくのも、ワン・トゥ・ワン・マーケティングの有効な方法です。

ワン・トゥ・ワン・マーケティングでもう一ついえることは、接客する側に関係したことですが、売上を上げるためには従業員のインセンティブを高める必要があるということです。建設会社というのは、あくまでも会社として業務

インセンティブ
活動を促進させるもの。従業員のインセンティブを高めるために、実績・能力に応じた給与・賞与を支給することなどが行われている。

を進めていて、個人の能力はほとんど勘案していないのではないかと思いますが、顧客と接する部門の人は特に、インセンティブを高められるような給与体系にすることも考える必要があるのではないでしょうか。

3　コスト削減が経営の基本

当たり前のことですが、コストを抑えられれば、利益は充分に取れます。いかにコストを削減するかということが、現在のような時代には利益を上げるための方策です。価格競争で利幅を小さくすることはもうやめたいものですが、仮に価格を下げざるを得なくなっても、経営していけるように、常にコスト削減の努力を続けることが必要です。

ではコスト削減をどう実現すればいいのでしょうか。

そのためには、管理部門などの間接コストと、労務費・建設資材費といった直接コストの両方の合理的な削減が求められます。どの企業でも間接コストについては見直しが進んでいると思いますので（もしいまだに大きな間接コストを払っているところがあれば、発想の転換が必要です）、問題は直接コストです。しかしこれも、すでに労務費はこれ以上切りつめられないところまできているでしょう。

労務費を下げるには、抜本的な工期の短縮が必要です。これは、サービス業に共通した課題である、「時間当たり生産性を上げる」ことでもあります。工期短縮のためには、大工など職人の働き方を変えて、一日の作業における無駄な時間をつくらないようにするなど、建設作業プロセスの見直しが必要です。また、ISO（国際標準化機構）の認証を取得して、その過程で、業務のマニュアル化を進めるのも効率化には、有効な手段です。

ところで、中小建設業社・工務店自身も、あまりコストということが分かっていないのではないでしょうか。見積り段階の不透明性は、顧客の信頼を得られない原因にもなっています。顧客の前で、合理的にコスト計算をして見せられるでしょうか？　現状のような「坪いくら」ではあまりにもラフ過ぎるのです。例えば平屋と二階建てでは、坪単価は違うはずです。また、かかる時間によって、すなわち人工（にんく）によって労賃は異なるはずです。しかし、こうしたことを無視してコストがはじかれています。

木材にジグソーで穴を空けるか、切った木をつなぎ合わせて穴をつくるかによって、コストは大幅に異なります。前者の方が強度があって、作業時間も短いのです。ところが職人のこだわりとして、後者を選ぶ大工さんも少なくありません。こちらは時間がかかりコストがかさみます。しかし、消費者は見えないところに関心を持ちようがありませんし、見えないところを重視するよりも、耐久性に変わりがないのであれば、コストが小さく従って価格の安いほうがいい、と考える人もいるはずです。

やや乱暴な言い方かもしれませんが、建築確認申請が通っているのであれば、少なくとも20年近い耐久性があるはずです。それでも１００年住宅をつくる意味があるでしょうか？　１００年どころか50年もせずに人間の生活スタイルの方が変わります。とにかく長持ちすればよいというのは、つくる側の思い込みであったり、消費者の錯覚である場合もあるでしょう。

性能保証や各種の助成金などを申請することも、顧客の借入金額を増やせるというメリットはありますが、新たに検査が増え、必要以上の仕様や強度が求められることによってコストアップとなり、建設会社・工務店の利幅を小さくしている場合があります。

また、海外の資材を活用することにより、コスト削減は可能ですし、合法的に海外から技術者を導入することもあり得るでしょう。工務店が30社程度集まって、協同組合をつくり、共同で資材を仕入れたり、技能教育を共同化するといったことも、コスト削減の要素となります。自治体の助成金を受けられる場合もあり、そうなればコスト削減につながります。

いずれにしても、コスト削減は経営の基本であり、先入観にとらわれることなく、もう一度見直していただきたいポイントです。

コスト削減といえば、それによって大きな成功を収めた企業の典型がユニクロ（ファーストリテイリング）です。

ご存じのようにユニクロは製造小売業（SPA=speciality store retailer of private label apparel）といわれる業態で、カジュアル衣料を専門に扱っています。今までのようにメーカーがあり、卸があり、小売があるという従来の流通機構をなくしてしまいました。生産はすべて労賃の安い中国で行い、それによって低価格で品質のいいものを市場に出せるようになっています。これはサプライチェーン・マネジメント。生産から消費までの流通の流れを一貫したシステムとしてとらえ、システム全体の効率性を高めようとするもの）の一つで、コスト削減の代表的な取り組みです。

ユニクロの売上高は１９９９年の１１１０億円から、２０００年は２２９０億円（見込み）と倍増。注力商品の一つであるフリースは１９９９年に１９００円で８００万枚を売り上げ、デニムジャケットは２０００年に２９００円で５００万枚以上を売り上げています。

経営の基本はコストの削減であるということを、ユニクロの例はよく示していると思います。

4　ナレッジ・マネジメント、ナレッジ・コラボレーション

売上を増やすために積極的に取り入れたいのが、ナレッジ・マネジメント、ナレッジ・コラボレーションです。工務店であれ、建設会社であれ、社内にはさまざまなナレッジ（知恵、知識）が貯まっているはずです。工法はもとより、販売方法、アフターケアの方法も大切な知恵です。

このように蓄積された知恵や知識を、経営に有効に使わなければ損だ――これがナレッジ・マネジメントあるいはナレッジ・コラボレーションと呼ばれ、現在の経営学の主流になっている考え方です。もちろん、建設業にも適用することができます。内容を詳しく見てみましょう。

ナレッジ・マネジメント

ナレッジ・マネジメントとは、企業組織などの内外にあるナレッジ（知識）を

管理し、新しい価値を生み出す力に変えていくための経営管理手法です。例えば、情報技術を利用して、従業員が業務経験を通じて得た専門知識・ノウハウなどを企業として管理し、ネットワークで情報交換・共有化を図ることなどです。これからの経営を考える場合、組織の知恵や知識を引き出し、集約するナレッジ・マネジメントが最も重要になります。

事例を通してナレッジマネジメントを、具体的に見ておきましょう。

［夷隅ゴルフクラブの事例］

千葉県の夷隅ゴルフクラブは、茂原駅からタクシーで約50分かかり、交通の便が悪いのですが、とても人気のあるコースになっています。それは、ナレッジ・マネジメントを実践していることによります。

具体的にどういうことをしているかというと、キャディーさんをはじめとする従業員が顧客の声を聞いて、それを顧客に分からないようにメモし、その顧客の声を反映したサービス改善を行っています。例えば、コースのスタート位置に対する不満や、食事・風呂に対する不満まで、顧客の声を吸収し、できるものからさっそく改善しています。キャディーさんを中心とする小集団活動の成果といえますが、これこそナレッジ・マネジメントです。

もう一つ、マクドナルドの例をご紹介しましょう。こちらは、蓄積されたナレッジを文書化して活用しているケースです。

［マクドナルドの事例］

ドライブスルーで間違って注文とは違ったハンバーガーを渡してしまった場合、自宅に帰ったお客様から苦情の電話がかかってきたとします。さて、従業員はどのように対応すべきでしょうか。この場合、多少離れていても、直ぐに注文通りのハンバーガーを届けることが必要です。しかし、これを個々の従業員の判断に任せていれば、対応がばらばらとなり、ある従業員は「ご注文のハンバーガーをお渡ししますので、ご来店ください」といってしまうかもしれません。

このような場合、過去の失敗事例を踏まえたマニュアルが整備されていれば、従業員が悩むまでもなく、マニュアル通りに行動すれば良いことになります。これにより、顧客の不満を早期に解消し、従業員も最短時間で行動できるのです。

ナレッジの構築は、基本的には個人でできることではありません。ナレッジ・マネジメントは組織的な対応を前提としたものといえるでしょう。単なるデータが情報となり、情報がナレッジとなるためには、いろいろな人のさまざまな関わりが必要となります。その関わりとはコミュニケーションに他なりません。現場の担当者は、顧客や取引先とのコミュニケーションの中から情報を獲得し、それが企業のナレッジ・ベースに蓄積されます。そしてナレッジ・マネージャーは、蓄積された情報を経営に活かすことができるものとできないものとに峻別し、活用できるものはナレッジとして評価します。そしてナレッジは、経営者のリーダーシップの下で経営活動に活かされることになるのです。

つまりナレッジは、それを生み出す過程にも活用する過程にも、人が介在し、コミュニケーションを必要とするのです。

常に問題意識を持っていれば、目の前で起きている事柄について、疑問を持ったり、ヒントを見いだすことができます。こうしたことについて周りの誰かとコミュニケーションをとることによって、問題の発見と解決が図られていくことになります。

また、ナレッジ・マネジメントでは、ある個人が知っている、あるいはできるというだけではナレッジとはいえません。自分が知っている、自分ができることを、次のステップとして形式化しオープンにすることで、組織のナレッジとして有効活用される可能性が出てくるのです。

建設業界でも、例えば生産の現場ではいろいろな工法を経験してきていますから、それの良いところ大変なところを知っているはずです。そこにはいろいろな工夫も行われています。それは実際にやってきた現場の人しか分からないことですから、それを個人の頭の中にしまっておくのではなく、紙に書くとか、マネージャーと共有するという形で組織として蓄積していくことが必要です。販売やアフターケアについても、顧客との接し方とか、こういう層の顧客にはこういう対応が必要だ、ということを共有することが必要でしょう。

サービス業の経営戦略にとって、ナレッジ・マネジメントは決定的に重要な要素です。とくに「クレーム産業」と自他共に認める建設業において、顧客からのクレームや希望を組織として共有し蓄積し、その対応をルール化して迅速な解決を図ることは、信頼される建設業者になるために非常に重要です。ぜひ、あなたの会社なりのナレッジ・マネジメントに取り組んで欲しいと思います。

郵 便 は が き

料金受取人払

豊島局承認

2824

差出有効期間
平成15年11月
30日まで
(切手はいりません)

171-8790

184

東京都豊島区池袋2-72-1
日建学院2号館

㈱建築資料研究社
出版部 行

お買い上げいただいた本の書名	お買い上げ書店名

小社出版物についてのご意見・ご感想などお書きください。

書籍雑誌注文書

書店様へ

このハガキは番線ご記入のうえ投函して下さい。

(番　線)

お客様へ

小社出版物のご注文はこのハガキをご利用下さい。

ハガキは①お近くの書店にお渡しになるか、②直接投函して下さい。

①の場合、書店よりご購入いただくことになります。

②の場合、小社より代金引替(送料は一律600円)の宅配にてお送りさせていただきます。尚、ご注文の代金は本体価格+税となります。

書　名	部 数	本体価格
合　計 (②の場合のみ送料 ¥600)		

送付先 住　所	〒　　　自宅・勤務先(どちらかに○)
氏　名	
TEL	(自宅)　　(勤務先)
会社名 所　属	

第6章　建設会社・工務店の生残り策

どんな企業でも、好況・不況など環境の変化に合わせて経営を変えていかなければなりません。特に、現在は国が構造改革を行い、消費者の行動が変わる、構造変化の時期なので、経営戦略が必要になるのですが、企業が継続性のある主体（ゴーイング・コンサーン）である以上、生き残らなければなりません。生き残るためには、売上や収益の減少に合わせて、経費削減を行うことは当然ですが、転・廃業を行うことも一つの選択です。その場合、まず転業を検討し、やむを得ない時には廃業します。これは決して恥ではなく、勇気ある撤退なのです。この勇気がなくて、コンサルタントなどのアドバイスも得られず、そのまま倒産となるケースが極めて多いのですが、これほど経営者の人生と経済にとってマイナスはありません。生き残れば、再度事業にチャレンジすることも可能なのです。この章では、生き残り策としての多角化、転・廃業について考えてみましょう。

1　業界・企業の限界

さて、業態化のところで述べたように、これからは、選定した特定の顧客層に対する具体的な生活提案をしていくことが必要です。そして顧客に対して良い生活提案をするためには、中小建設業・工務店・設計事務所を問わず、一定以上の規模、少なくとも5人程度が必要でしょう。顧客の眼にかなった商品提案をするには、人材がどうしても必要なのです。

しかし、いたずらに雇用を増やすことはできません。この壁を破るには、ネットワークづくりが必要です。地域の設計事務所やインテリアショップ、生活雑貨ショップなどとのネットワークをつくり、情報を交換し、顧客のニーズに合った魅力ある商品開発に結びつけていく必要があります。デザイナーなど、異業種からの人材導入も考えられるでしょう。一般に、中小企業経営に不足しがちな経営資源は、他企業との提携や外部から入手することが必要となります。

このように、提携による外部からの経営資源導入に努めるとしても、併せて多角化、転・廃業を進めることにより生き残りを図ることも可能です。なお、ここでの手法の整理や、事例は、私も委員として研究に参画した、（社）中小企業診断協会の「転業・廃業指導マニュアル」によっています。

2　生残り策としての多角化、転・廃業

多角化

地方でも力のある建設会社（売上1000億円程度）には、多角化として、レストラン・賃貸業などへの進出を進めているところもあります。例えば、北海道の宮川建設は、賃貸収入で本業の固定費を賄っています。建設コストを安くできるメリットもあり、効率的な事業として運営することが可能です。

転業

一般に、ある程度長期的に見れば、企業は成長しているか、それとも衰退へ

向かっているのか、このいずれかです。企業に、現状維持ということはあり得ません。また、このままではいけないと気がついたときには、すでに手遅れで倒産が免れない、という場合もあります。こうした「企業成長・衰退のトレンド」、「経営加速度」には、充分な注意が必要です。

さて、通常の経営改善では、現在の自社事業の継続が難しいと思われる場合は、将来の倒産といった最悪の事態を避けるため、思い切った転業や、あとに述べる廃業も選択肢の一つとなります。

(ア) 転業の形態

転業の形態には、大きく分けると次の5つがあります。

a. 新規事業型

現在の自社事業の経営資源・顧客とは直接関係のない事業分野への独力での転業です。実質的には新規の創業と同じで、事業リスクは高いといえるでしょう。有望な事業分野の選択、有効な技術・顧客の獲得が成功のポイントです。

b. FC加盟型

ＦＣ（フランチャイズ・チェーン）への加盟による転業です。既存の業態変革として導入する場合も多いのですが、自社事業の経営資源・顧客と直接関係のない事業分野への転業の有効な手段でもあります。ＦＣというプロのノウハウを活用することから、①の新規事業型に比べ事業リスクは軽減されますが、商品開発力や運営指導力など、競争力のあるＦＣを選択することが重要です。

c. 関連事業型

現在の自社事業の技術・顧客が活用できる事業分野への転業です。現在の自社事業との連続性があるので、全く当てはずれに

転・廃業の形態パターン

- 転業
  - （イ）積極的転業
  - （ロ）消極的転業
    - （ロ-1）新規事業型
    - （ロ-2）FC加盟型
    - （ロ-3）関連事業型
    - （ロ-4）不動産活用型
    - （ロ-5）事業縮小型
- 廃業
  - （イ）積極的廃業
    - （イ-1）単純積極廃業
    - （イ-2）企業売却・営業権譲渡による廃業
  - （ロ）消極的廃業

出典：（社）中小企業診断協会「転業・廃業指導マニュアル」

終わるという危険性は少ないのですが、自社経営力の評価に基づいて、事業領域を決定することが重要です。現在の事業を継続させながら、事業の重点を徐々に関連分野に移していく方法もあります。

d. 不動産活用型

自社や経営者が所有する不動産を活用する転業です。具体的には土地や土地・建物を駐車場、オフィスビル、店舗として賃貸する事例が多く見られます。恵まれた立地であればリスクの少ない転業ですが、バブル崩壊後の、不動産不況により、かつてのような『万能薬』ではなくなりました。立地条件に基づく的確な需要予測と、投資規模の設定が欠かせません。ただし、建設業や工務店は、何らかの不動産を保有していることが多く、これらを収益不動産に転換したりすることで、生き残るヒントを得ることが多いのです。

e. 事業縮小型

既存事業のうち、有望な部分だけを残して、他を整理する転業形態です。実体は廃業に近いといえるでしょう。有望分野に事業を絞ることから、事業リスクは比較的小さいのですが、収益機会も限定されるので、経営者・従業員の生計をいかに維持するかがポイントです。

(イ) 転業の留意点

a. 具体的な事業領域の決定

事業領域というと、多くの人は「○○業から××業に転業したい」と考えますが、このような単なる業種の選択では不充分です。限られた経営資源で競争相手に打ち勝つには、より具体的に事業領域を規定する必要があります。つまり「どのような商

転業フローチャート

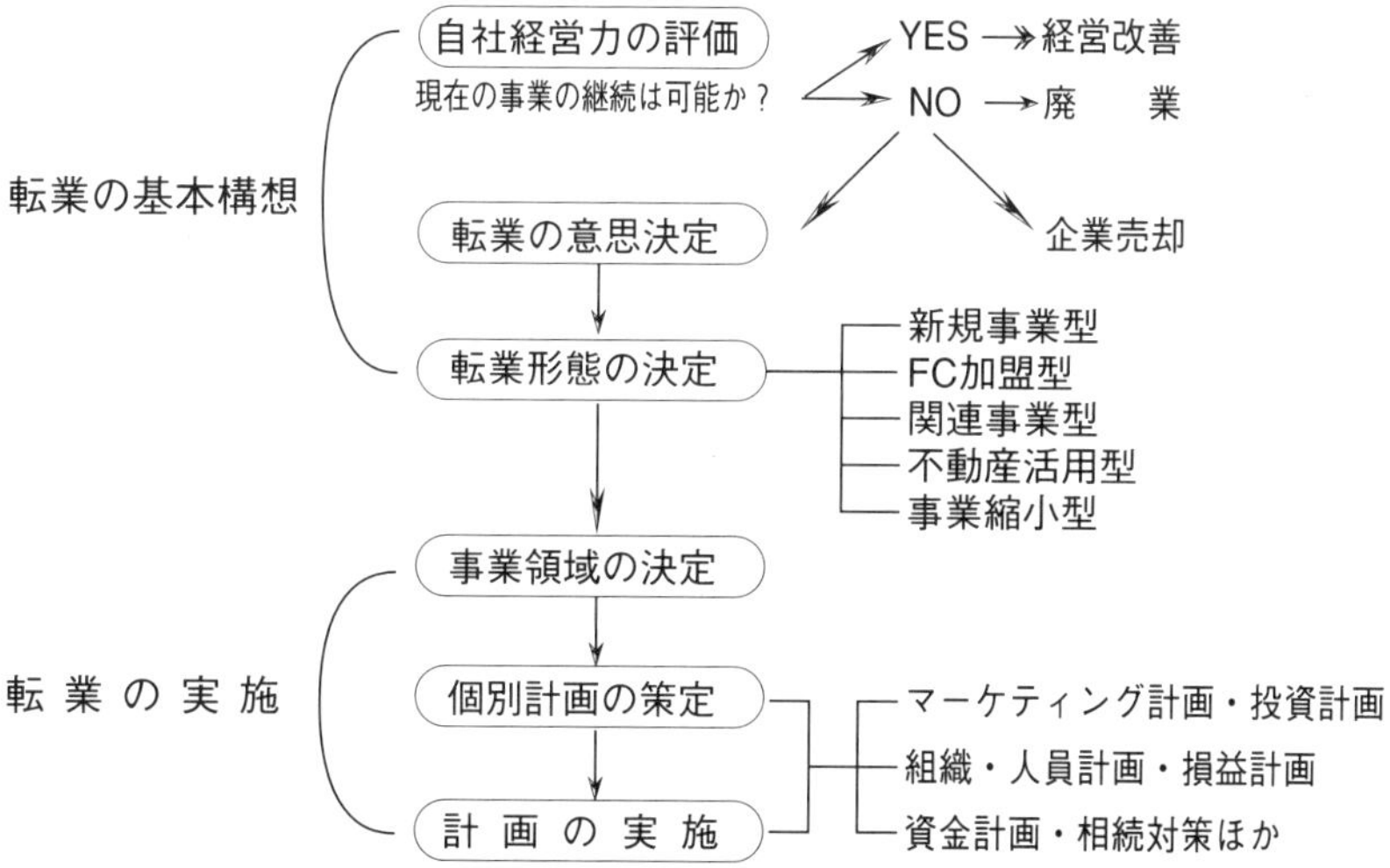

出典：（社）中小企業診断協会「転業・廃業指導マニュアル」

品・サービスを」「どのような顧客に」「どのような方法で提供するのか」ということを明確にしなければなりません。

提供する商品・サービスの範囲と内容をできるだけ具体的に明示し、その対象顧客と提供方法を『業態』として認識する必要があります。これは経営戦略そのものです。

b.　各転業形態ごとの留意点

①新規事業型――新規事業型は、実質的に新規の創業に等しいことから、技術・ノウハウなど、経営資源のソフト面の獲得に苦労する場合が多く、いかに効率的に質の高い経営資源を獲得するかが成功のポイントです。進出分野の業界企業や仕入先からノウハウの提供を受けたり、技術・ノウハウを持つ社員の新たな採用、異業種交流などネットワークへの参加などが有効になります。

②FC加盟型――複数のFC候補から選択するケースも出てきますが、その場合は、

・FCのブランドとしての競争力があるか

・ＦＣの本部から的確な出店・運営指導が受けられるか
・加盟料・ロイヤリティーと効果の関係は適正か
・店舗運営にどこまで自由度があるか
といった点に留意してください。

③関連事業型――関連事業は、日頃の事業活動で情報が得られる場合が多いので、得意先、仕入先、同業者、金融機関などとの接触機会を重視して、積極的に情報を得るようにします。

事業情報の判断のポイントは、次の２つです。

・自社の強みである技術・顧客と関連のある事業領域か
・その技術・顧客は、競合する他社にとって脅威か

④不動産活用型――近隣の状況を観察し、自社資産がどの領域に適しているか判断し、事業領域を確定します。

その場合のポイントは、

・自社資産に対する一般的な需要があるか

ロイヤリティー
フランチャイズに加盟している事業者が、フランチャイズ本部に支払う加盟料。売上高の一定割合を月次で支払う形態が多い。

・自社資産に優位性があるか

という2点です。

事業領域が決まったら、需要の予測に基づき投資規模の決定と契約者の募集を行いますが、こうしたノウハウは不動産業者などの専門家を利用するのが無難で合理的でしょう。

⑤事業縮小型——縮小して残す事業分野が、自社にとって競争力のある分野か、また事業として成り立つ市場規模を持っているかどうか、まずこの見極めが重要です。また、このタイプでは、経営者と家族の生計が成り立つかという観点から計画を検討することになります。

つまり、まず必要な生計費を算定し、その逆算から必要な売上高・経費を見積るというアプローチです。

転業の成功事例

① 自社の経営バランスを考え、身軽な不動産分野へ転身

［建設業　↓　不動産業］（新規事業型）

株式会社N工務店はF県で建築工事、土木工事を営んでいた会社で、平成6年の転業時点では、年間完成工事高約10億円、従業員数約15名、資本金３００0万円の建設業でした。（社長は3代目で45歳）。

個人経営の工務店として創業したN社ですが、2代目社長の時代から、市の学校の改修工事などの公共工事を手がけ、県内の大手私鉄の工事、第3セクターの工事なども手がけて、最盛期の年間工事高は約30億円にまで達しています。

しかし、経営規模の拡大につれて固定経費や総人件費が上昇し、工事の受注額も大きくなったことから運転資金も増加し続けました。

ところが、その後の経済情勢の急激な変化で受注が落ち、事業拡大期の借入金によって、資金繰りが悪化、借入金の支払利息も延滞気味となり、借入金がさらに増加して、債務超過寸前にまでいたってしまったのです。

この時点で、社長は建設業としての存続は難しいと判断、建設業を徐々に縮

小し、自社の土地を有効活用した不動産賃貸業への転業を決意しました。

約1年間かけて施主、取引先、従業員、金融機関などに説明し、特に従業員とは徹底的に話し合い、再就職の仕事の斡旋も積極的に行いました。また、次の就職先が決まり、住居が確保できるまでは、社員寮に入居しても良いという提案も行い、その結果、約1年後には全従業員が円満退社しています。

自社所有の約300坪の資材置き場、作業所を有効活用し、約60室の4階建の賃貸マンションを駐車場も含めて建築。「株式会社N工務店」から資本金も減資して「有限会社N不動産」に社名変更を行い、3代目社長の母親が社長に就任、3代目社長夫妻が取締役に就任して、3名だけで運営しています。

N工務店時代の借入金は、自宅と工務店の事務所を担保に入れることで借り換え、賃貸マンションの入居者の保証金は、借入金の返済に充てることとしました。その後、N不動産名義で、賃貸マンションの土地・建物を担保に賃貸マンションを新たに建築しています。

その後この賃貸マンションに大手通信社の独身社員が4、5名入居したことをきっかけにして、その通信社に営業をかけ、同社の独身寮として法人契約を結ぶにいたり、一括一棟貸しの賃貸契約を結ぶことができました。入居者の募集や入退去に伴う手間もなく、賃貸料の変動も発生していません。安定した経営状態となっています。

経営者の転業の決断と実行のスピードが非常に有効であったといえます。

② 人脈を活用して自力型企業に転身

［建設業 → 健康関連製品販売業］（新規事業型）

有限会社D建設はG県で建築工事、土木工事を営んでいました。平成4年の転業時点では、年間完成工事高約5億円で、従業員は約10名です。

経営は、創業以来「赤字を出したことがない」というほど順調でしたが、業界の将来性、商品・サービスの魅力、ビジネスとしての成長の可能性から、転業に踏み切りました。それまでの事業が、請負あるいは下請けという他力依存型の経営であり、そこから何とか自主自発型の経営を目指したいという意向が強く働いたからです。

業態選択のきっかけとなったのは、従業員の紹介で社長夫人が購入した健康寝具でした。夫人は長年、腰痛・肩こり・低血圧などに悩んでいましたが、これを使ってみたところ2、3日で見違えるように楽になりました。社長はこれを見て「健康器具はビジネスになる」と直感、本業の建設業のかたわら、夫人と二人で販売に取り組みました。

その後約2か月で建設現場で働く人約50名、経営者の会合などで約50名、さらに医師約10名が購入、3か月目からは、取引先、友人、知人も訪問し、さらに販売成績を伸ばしました。建設業の仕事を通じて培ってきた人脈が、新しいビジネス展開の上で、大きな力になったことになります。

その後も販売は順調で、半年足らずで代理店に昇格、専任の社員3人のスタッフで、月間売上は平均約4000万円から5000万円に達しました。その後社名も「有限会社D建設」から「有限会社Dインターナショナル」に変更、経営を健康産業分野の販売一本に絞りました。代理店になって3年目には約40

坪のショールームもオープン、進出7年目には販社代理店に昇格、現在グループ全体のスタッフは約１００名を超え、グループ年商20億円を目指して、安定した経営を進めています。

景気次第で浮き沈みする『あなた任せ』の他力依存型経営ではなく、不況を克服する自力型経営には、企業内の要素である経営者の性格や、その能力の充実が絶対の条件です。事業経営とは、時代の流れをとらえることだといえますが、『給料は高く、人は少なく、仕事は余計に』が常に変わらぬ経営の鉄則です。D建設の事例は、成長業界にしっかり着目し、従業員に刺激を与え続け、会社の発展・成長と従業員の幸福が一致する経営を目指した事例です。

③　重機のリースで不況を乗り切る

［建設業　→　重機リース業］（関連事業型）

昭和48年に設立された株式会社Ｊ社は解体工事の請負・施工を業務とする企業です。道路舗装面の切断、破砕、掘削、建築物の穴あけ、破砕などが主業務で、主な取引先は、通信ケーブルの地下埋設を行う電気通信工事業者でした。順調に業務を拡大し、昭和62年度の完成工事高は4億8241万円。しかしその後は下降線をたどり、転業時点の売上は2億9297万円。従業員は11名です。

J社は受注高の増加に伴い、積極的に建設機械の購入を行ってきたのですが、完成工事高の減少に伴い、機械の稼働率は低下、従業員の手待ち時間も長くなり人件費の負担も増加、総体として収益力や生産性を低下させ、財務内容が悪化し始めました。

そこで、業種転換を決断し、所有する建設機械の貸し出しを行うことにしました。これなら、現在の市場（取引先）の変更の必要がなく、販売シナジー効果も期待できます。また、業種転換に伴って新たな資金も必要とせず、リスクが少ないと判断できました。

事業転換は段階的に行うこととし、特に稼働率の低いものを貸し出す方針を定め、営業担当者を新たに募集、機械の整備・点検、貸し出しの管理にも力を注ぎました。新たなリース業の売上高は徐々に増加、平成8年度は約2億円の

販売シナジー効果
事業Aを行っている企業が新たに事業Bを展開しようとするとき、事業Aの顧客に事業Bの商品・サービスを提供することにより、売上・収益をあげることができるという相乗効果。

売上となっています。

J社の場合、転業の決断の背景には、外部機関による財務内容の分析とアドバイスがあったのですが、こうした外部機関の客観的な指摘が有効なケースは少なくありません。

廃業

廃業は苦渋の選択といえますが、倒産などの混乱を避けるために、勇気を持って決断しなければならない場合があります。

(ア) 廃業の要因

廃業の決断が求められるのは、次のような状況です。

[内部要因]

・コストダウン、工期短縮の要請にこれ以上対応できない
・省力化、効率化、近代化のために投資力・回収力ともに成算がない
・高度成長期の規模拡大は、環境の変化に適応した縮小均衡は容易でない

・事業の規模・業績・社歴などによる格付けが行われた場合、自社の格付けは低い

・工種別（職別）に裾野が広く、取引条件は末端に向かうほど厳しいのが通例の業界にあって、自社の位置付けは末端にある

［外部要因］

・業種が市場ニーズと乖離の方向にある

・他社製品が追随できない高付加価値を生み出すノウハウがない

・一社または寡少の親企業依存で、かつその親企業の企業体質が脆弱または業種的に将来性がない

・脱下請のため、民需を主としたゼネコン業態を目指したいが、その資力、市場開拓力はない

・潜在需要の高い住宅リフォーム市場などを狙うため工種別に外部企業と共同化または業務提携したいが、その結集力がない

（イ）廃業の決断を阻害するもの

廃業の決断にあたっては、しばしば次のようなことが障害になります。こうしたことがないかどうか振り返り、冷静な判断をしてください。

・プライド

一般に地域の建設業は、親の代からの「のれん」であり、あるいは長年苦労して育てた事業である場合が少なくありません。従って、「業界では相応の地歩も占めており、世間体もある、自分の手で終焉させるのは忍びない、申し訳ない」といった意識にとらわれがちです。

・根拠なき景気循環論

「企業経営は計数だけじゃない。いずれ景気は戻る」というような根拠のない期待をしてしまう場合がよく見られます。

・資産（担保）への過信

資産を公私混同し、まだまだ資産があると思いこむケース。オーナー経営にありがちです。実際の借金の大きさが見過ごされ、バランスが崩れている場合が少なくありません。

・成り行き任せ

「たとえ赤字でも、事業を続けていけば、何とか生活の糧は得られる」といったたぐいの成り行き経営に陥っている場合が少なくありません。

廃業には、事業のすべてを清算する完全廃業、他社に吸収合併され、経営者自身は経営から身を引く形をとるM&A式のものとの2種類がありますが、いずれにしても、経営の低迷状況を冷静に分析し、外部のアドバイスにも耳を傾けながら、早期の決断をすることが肝要です。

第７章　IT（情報技術）を取り入れて成功する

時代はIT革命の真っ只中にあります。情報機器や情報技術の変化の速さは目が回るほど速いものがありますが、そのスピードこそが現代社会の変化のスピードです。ただし、ただ最新の技術だからといって変化を追いかけ回すのではなく、IT化はあくまで手段として取り組むことが賢い考え方です。手段として積極的に活用をはかることが仕事の効率をあげ、事業を活性化させます。

一方、流通システムのIT化はいまや時の勢いです。旧来の巨大で複雑な流通システムが、IT化による迅速で公正で透明性のあるシステムに今後ますます改革されていくでしょう。

1　建設業のＩＴ革命の方向性

建設業はサービス業として、人に頼るところが大変多い業種です。そのため一般には、ＩＴが貢献できる余地が少ないのではないか、と思われています。

確かに、従来からの生産・建設の基本的な仕組は、ＩＴ時代といえども変わりようがありません。また、これはあらゆるサービス業に共通していえることですが、サービス業はすべて人の手を介しますから、ＩＴ化できない部分が非常に多くあります。

しかし、それならＩＴが役に立たないかといえば、決してそのようなことはありません。有効に活用する余地はたくさんあります。

では、ＩＴの活用によって建設業では どんなことができるでしょうか。それは、一口にいえば、「情報の共有」と「情報の交換」によって、生産システムの効率化が図れるということでしょう。現場コスト、トータルコスト、経営コス

ITと建設業

建設業への影響

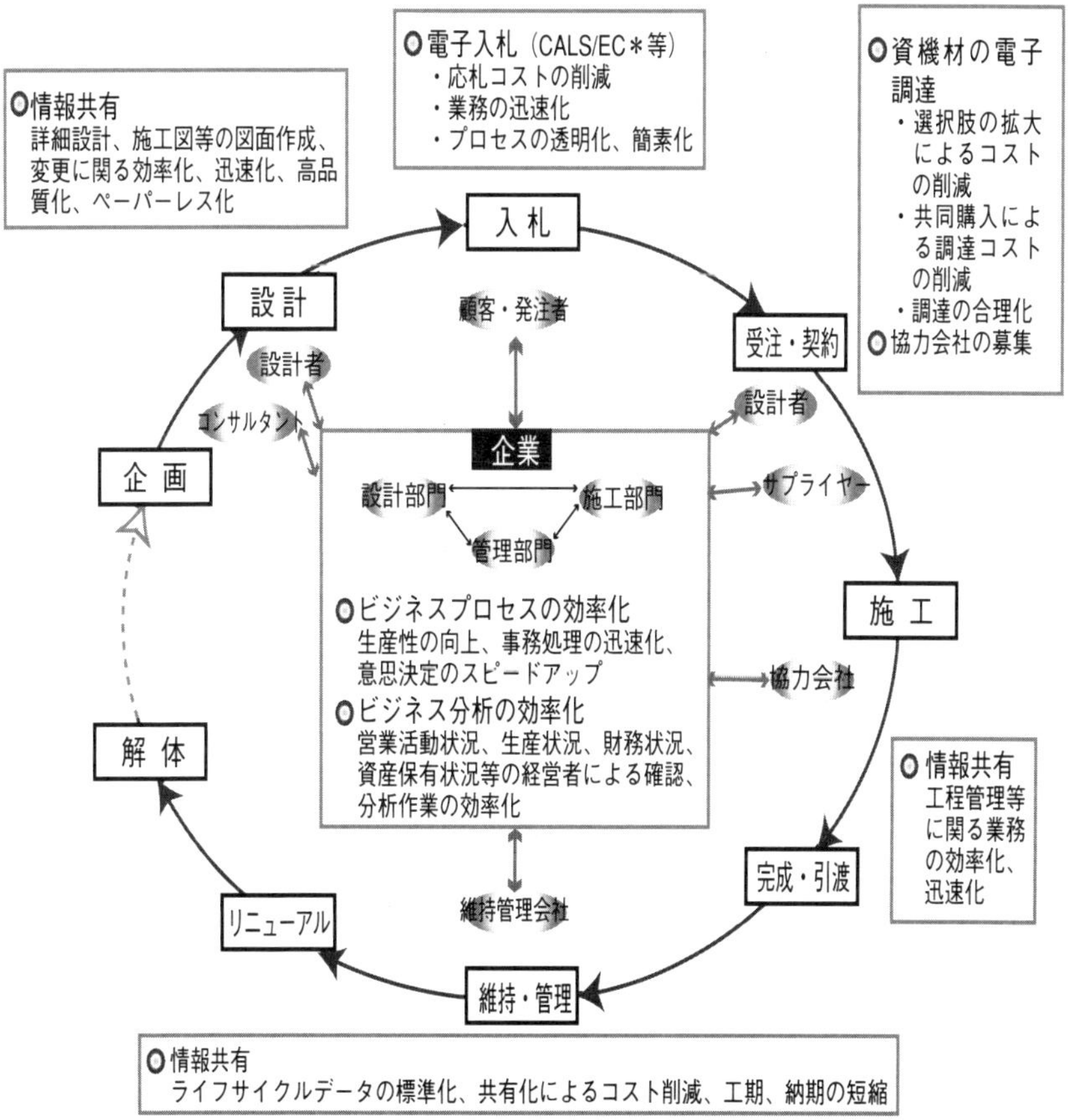

出典：日建連（企画委員会報告書「ITと建設業」2001年4月）

トの軽減を通じて、コスト競争にも、品質競争にも、また、顧客満足度の向上にも好影響を与えるものだといえます。

現在のところ建設業でのＩＴ利用は、社内ＬＡＮの導入などによる業務の電子化や情報の共有化、各社のインターネット上でのホームページ公開による消費者や株主に対する情報提供、企業対消費者（B to C）、企業対企業（B to B）での電子商取引などが進められてきましたが、日本のインターネットを介した中間財市場（企業間の原材料などの取引）の市場規模が約14兆４２９８億円と推測される中、建設業は２８９億円にとどまっており、ＩＴ活用は今後のテーマとして残されているのです。

以下、建設業における実際の活用法について、具体的に見ていきましょう。

ＬＡＮ
＝Local Area Network。市町村内・企業内などの地域内の意思疎通のために、コンピュータを回線でつないだネットワークをいう。

２　ＩＴの活用法

大規模な活用法

①コンカレント・エンジニアリング（Concurrent Engineering）

現在の生産の仕組みは、営業から設計、施工へと各段階ごとに仕事が順送りされていくのが一般的です。また各段階が、一つの企業ではなく、異なる企業となっている場合も少なくありません。このため各段階の情報共有が進みにくく、いったん工程の中の一部門で問題が生じると、そのたびに工程をさかのぼる「手戻

インターネットコマース中間財市場について

主要業種別に見た平成11年の中間財市場規模

業種	市場規模
製造業	14兆2,509億円
（内）自動車	（11兆4,413億円）
（内）電機	（2兆5,483億円）
卸売・小売業	393億円
運輸・通信業	379億円
建設業	289億円
その他	728億円
合計	14兆4,298億円

資料：郵政省「平成12年版通信白書」

インターネットコマース中間財市場規模推計

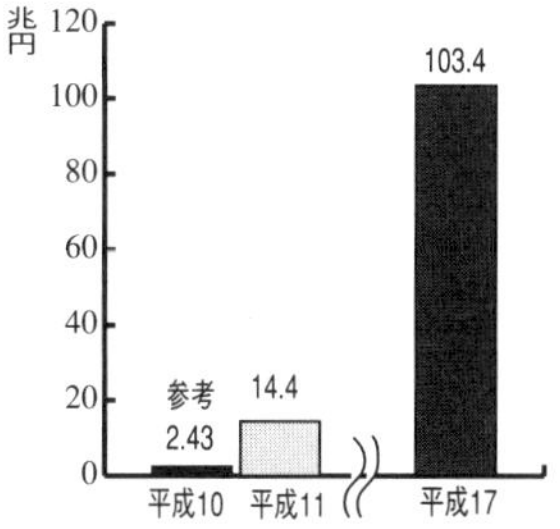

注：平成10年の数値は、アンケートにより明らかとなった数値の積み上げであり、我が国における中間財市場の推計値ではないため、参考値となっている。
資料：郵政省「平成12年版通信白書」

出典：「建設白書 2000」

インターネットコマース
電子商取引のこと。インターネットを使って、商品の売買を行う仕組み。

り」が行われ、その修正や解決に大きな時間とコストがかかってしまっています。

これに対して、会社から現場までをパソコンやモバイルといったＩＴ装備でつなぎ、営業・設計はもちろん、財務管理・資材調達を担う部門まで、全部門が情報共有を進め、常に共通の問題意識を持つようにしたのが、コンカレント・エンジニアリングと呼ばれるシステムです。これによって、例えば、現場で生じた問題をリアルタイムで設計部門でも把握し、現場と同時進行で問題解決をはかる、といったことが可能となります。また、現場においても、設計部門の指示を待たなくても所有している設計情報をもとに暫定的な問題解決が可能になるなど、生産プロセス全体に変化が起こるといえるでしょう。後戻りのない施工ができるようになり、コスト縮減・時間短縮・品質向上につながります。

すでに大手、中堅ゼネコンなどが採用しているシステムですが、工務店などにとってはやや大きすぎ、実際に運用しているところはありません。しかし、発想としては大変重要です。考え方を応用すれば、工務店の業務もまだまだ合理化できるでしょう。特に、リアルタイムでさまざまな問題が処理できるという時間の効率化は、大きなメリットとなるものです。

例えば、現場の施工状況をデジカメで撮影、その画像データを監督者がいる事務所や出先に送れば、現場に出かけなくてもチェックや、施工上の問題の解決を図ることができます。

② ストック・メンテナンス

これは、今後の建設業界の生残りにとって大変重要なポイントです。どの建設会社にも工務店にも、自分たちがつくってきた建築現場があると思います。これはいわば商品ですが、これの大量の蓄積がどの企業にもあります。今後は、個々の建築物のライフサイクルコストの管理が非常に重要な課題になるので、これをＩＴによって実現するのです。

つまり、過去に施工した建築物などの基本的な数値データやクレーム情報、それに対する対応記録、さらに定期的な診断結果などを電子情報化し履歴情報としてストックするということです。マンションなどでは特に必要とされる情報管理ですが、これを簡略化した形で戸建て住宅に適用することができます。

こうした管理を行えば、例えば、ある住宅が今、築後何年になるか、かりにそれが築後20年であったら、どういうメンテナンスが必要か、あるいは30年後だったらどうかということが、簡単に正確にチェックできることになるのです。こうしたシステムの有無が、受注の際の大きな武器になり、また、リフォームなど、次のビジネスの拡大にもつながります。

こうしたデータ管理の必要性の指摘は、盛んに行われてきているのですが、工務店などで実際に始めているところはまだまだ少ないのが現状です。

③ 電子商取引などによる建設資材の商流・流通システムの改革促進

建設業者と直接取引関係のある資材業者との間の取引における商慣行は非常に複雑です。それによって、資材価格が不透明になり、高いものにとどまってしまっていることは、この本でも指摘してきました。しかしこれも、ＩＴの活用によって改善を図ることができます。今後は、相場より条件の良い複数の業者をＩＴで選び、具体的な価格を実地に交渉しながら適正価格に近付けていったり、大理石などの特殊な資材を海外から安く調達する、というようなケースが増加すると見られます。

例えば東京都の株式会社アノックという会社は、kentiku-web.comというホームページを運営し、木材などの建築資材のマーケットを開いています。明確な価格で安価に入手できるので、コストを抑えた家づくりにも利用できます。また、このホームページでは、住宅や店舗を建築しようとする人が、その条件を公開して建築コンペを実施、複数の設計事務所や工務店のプランの中から選択するという仕組みもつくられています。

一般の住宅購入希望者にとって、同じ質が期待できるなら、マイホームをできるだけ安い資材・工事費用で建築できることが望ましいことはいうまでもありません。そのためには、元請け制度に伴うリスク配慮の高い工事費用ではなく、競争原理を導入したコンペ方式が理想です。工務店間のデザインやコストの競争によって、適正な価格で優れたデザインと品質の住宅が実現できるからです。

また、工務店にとっても、コンペに参加することによって消費者ニーズの把握、コストの徹底した見直しを通じた経営革新、プロダクト・アウトからマーケット・インへの発想の転換なども可能になります。

こうした利点のあるコンペを、アノックがインターネットのホームページ上で運営しているのです。インターネットを使っての参加ですから、工務店にとっても安価で、しかも地域の制約を受けることがありません。

2000年5月に運営が始まってから、すでに約400人の建築家や工務店が登録、これまでに4人がコンペを開催しうち3人が実際に契約しています。

同様に、森ビルとソフトバンクが共同出資して設立したＣＭｎｅｔ（シーエムネット、東京都港区、雑喉良祐社長、http://www.comnetcorp.com）もネットによる競争入札を行っています。例えば、アサヒビールエンジニアリングはグループの食品会社工場の増築工事について、ＣＭｎｅｔのインターネット入

コンペ
競争入札方式。

マーケット・イン
消費者・顧客等市場の動向に合わせて、それらのニーズを踏まえて商品・サービスの提供を行う経営発想。反対はプロダクト・アウト。

Webコンペのホームページ

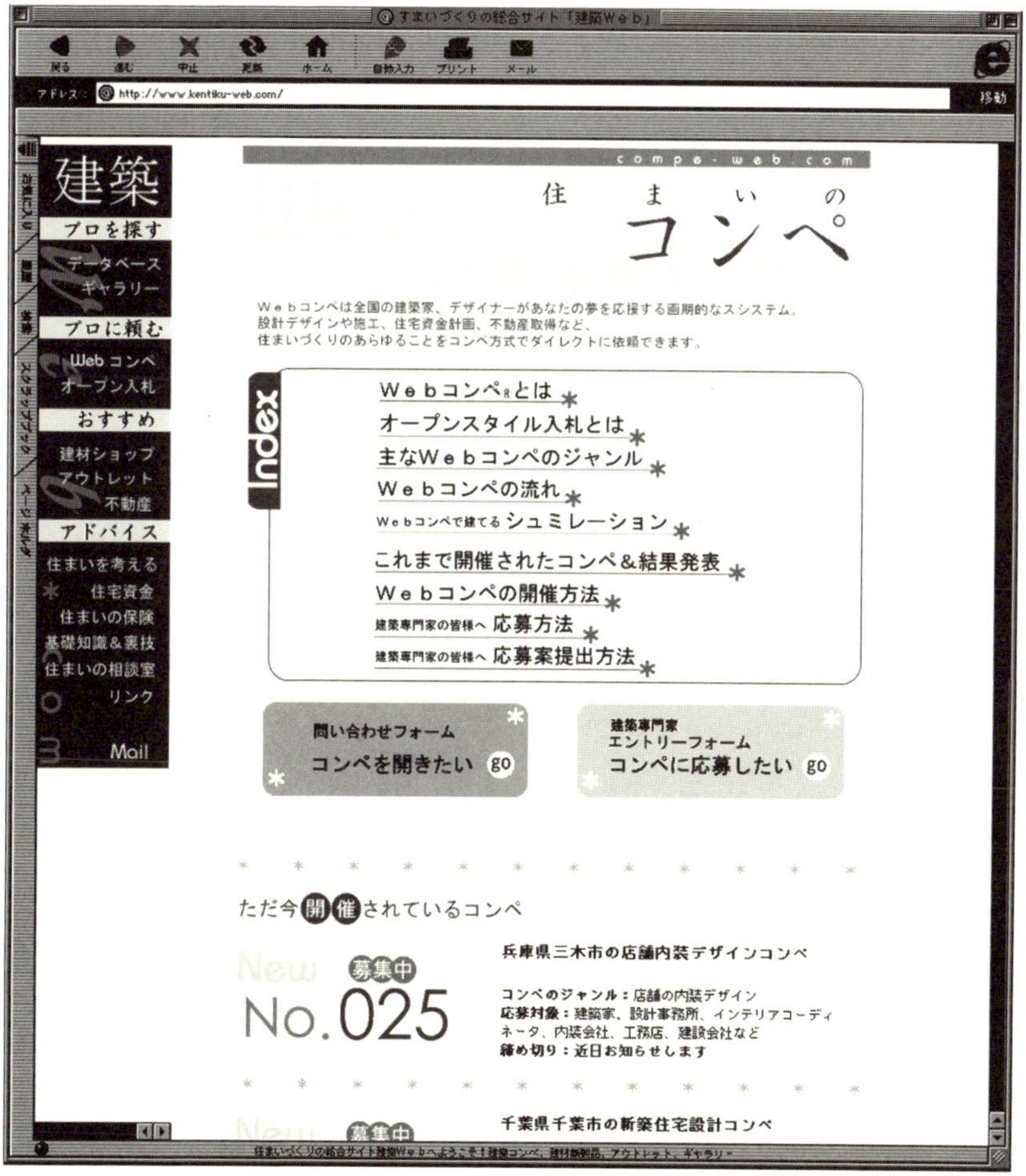

札システムを活用して施工業者を公募し、工事発注金額を約四分の一削減したといいます（日経産業新聞２００１年11月21日付け記事）。ＣＭｎｅｔの利用メリットとしては、

① 建築主に対しては、施工者の選択肢の増加、新規優良企業の発掘、建築コスト・決定プロセスの透明化によるコストダウン

② ＣＭ（コンストラクション・マネジメント）会社に対してはこれからの発注形態であるＣＭ方式の日本国内での普及

③ 設計事務所・積算事務所に対しては、受注機会の増大、図渡し・質疑・回答などの業務効率の向上

④ 施工者に対しては、工事案件情報の迅速・容易な把握、受注機会の増大等があげられます。

中小建設業・工務店での活用法

以上見てきたのは、比較的規模の大きな建設業におけるＩＴの活用例なので

すが、では中小建設業・工務店は、どのように使っていったらいいのでしょうか。以下のようなことは、今すぐにでも実行に移せることです。

①　図面のＣＡＤ化

多くの中小建設業・工務店にとって、まず最初は図面を効率的に、綺麗に仕上げるためのＣＡＤ化から入ることです。

②　会計・内部管理のためのＩＴ

財務会計とか管理会計、支払い伝票の管理といったことは、できるだけパソコンでやっていった方が効率的です。それによって売上高や収益性の変化、自社の財務の特徴（固定費が多い、売掛金が多いなど）が、一目で分かるようになります。

③　建設ＣＡＬＳの導入

次の段階では、建築に関する申請・届出・入札等を行うための申請ＣＡＬＳと、施工工事などのための生産ＣＡＬＳが導入されます。これは、２００４年に全ての国・政府関係機関の発注工事が電子調達になることに対応する点でも

ＣＡＬＳ
＝Continuous Acquisition and Life-cycle Support、公共事業のコスト削減を行うことが要請される中で、公共事業の執行過程を電子的に行い、事業の効率化、迅速化を図ることを目的として構想されたもの。

重要です。

④　業務のネットワーク化

中小建設業・工務店の中で、グループウエアを導入して、日報の迅速化と共に、スケジュールやプロジェクトの進行状態、各人の業務内容などの情報を共有化するところが増えています。これが定着すると、社内のナレッジ・マネジメントに役立ちます。

⑤　顧客管理のためのＩＴ

また、個別の物件や顧客の管理も、パソコンのデータベースを使って行えば、効率的であり、活用方法もいろいろ生まれます。建築後の経過年数や家族構成の変化などから、リフォーム営業の基礎データとすることもできるでしょう。

⑥　広報・宣伝のためのＩＴ

これは一足飛びに今すぐやる必要はないかもしれませんが、ホームページをつくり常に最新の情報を発信できるようにすることは、今後重要になります。すでにインターネットによる情報収集は常識になりつつあり、とくに20代か

グループウエア
グループで作業・業務を進めたり、情報の共有化を図るために、コンピュータを回線でつないだネットワーク。

ら団塊の世代（50代前半）では、気軽な情報収集手段として日常的に使いこなしています。

設計事務所や一部の工務店でも、積極的にホームページを開設し、自社の設計・施工物件を紹介したり、自社の特徴をアピールしているところが増えてきました。

ホームページは、いつでも好きな時に、勝手に覗いて情報が得られるので、消費者にとっては気軽なツールです。設計事務所や工務店にいきなり電話をしたり、あるいは店を訪ねて、お宅の施工例を見せてくださいとはいえませんが、ホームページなら、同じことが自らホームページを訪問することで気軽にできます。また、質問も簡単にできます。そのため設計事務所などでは、電話番号よりホームページアドレスの方が大事だという認識を持ちはじめています。

ある工務店（社員9名）はホームページを使った営業を積極的に展開、ホームページ上で、自社の施工例はもちろん、施工金額、協力会社名も公開し、信頼のある企業としてのイメージを押し出しています。また、社員の名刺にはホームページアドレスを印刷、業者を紹介するサイトにも積極的に登録するなどして、ホームページ開設以来1年間で、ネット経由だけで6000万円の受注を得ています。

第8章　財務戦略で環境激変を乗り切る

建設業の財務体質は昔から他業種に比べて弱いといわれます。そこにはある意味で受注産業という性格が反映されているとみられますが、受注条件がますます厳しくなりつつある現在、財務力の強化は大きな課題です。収益性を改善し、確保するためにもやはり戦略的な取り組みが求められます。

1　収益性が確保できる商売を取る

どんな事業・商売でも、財務面からは収益性・安定性が最も重要な経営指標です。建設業の収益率は総じて小さく、完成工事高対営業利益率で2・8％、自己資本対経常利益率でも16・4％程度しかありません。

ちなみに、完成工事高対営業利益率（売上高対総利益率）は、製造業平均で24・9％、小売業で39・0％です。建設関連業の中では、土木工事業の収益性が比較的高く、建築工事業が低くなっています。しかも、建設業の場合、経営資本営業利益率や総資本回転率については低位安定していますが、完成工事高対営業利益率は低下傾向にあり、受注条件が厳しくなっています。

売上を増やすよりも収益確保

今後建設業は、大手も中小も含めて財務的に厳しい時代に入ると思います。

建設関連業の財務指標

（単位：%、回）

	建設業総平均	土木工事業	造園工事業	建築工事業	左官工事業
完成工事高対営業利益率	2.8	3.1	3.1	1.8	3.0
自己資本対経常利益率	16.4	17.9	16.3	13.2	11.9
流動比率	157.0	160.1	172.1	146.0	225.0
自己資本回転率	6.0	5.8	5.9	6.7	7.8

注：完成工事高対営業利益率一営業利益／（完成工事高＋兼業売上高）×100
自己資本対経常利益率＝経常利益／自己資本×100
流動比率＝流動資産／流動負債×100
自己資本回転率＝（完成工事高＋兼業工事高）／自己資本

出典：中小企業庁編「中小企業の経営指標（2000年版）」

建設業経営指標の推移

単位：%、回

	8年度	9年度	10年度
経営資本対営業利益率	5.6	4.7	4.7
経営資本回転率（回）	1.7	1.6	1.6
完成工事高対営業利益率	3.5	3.0	2.8

出典：中小企業庁編「中小企業の経営指標（2000年版）」

現状でも、受注は受けていても、集金ができずに倒産するという例が非常に多く見られるようになっています。仕事がないから倒産するのではなく、お金が回らないから倒産してしまう、という状況です。こうした事態を回避するためには、売り上げを増やすよりも、回収を適切に行い、収益を確保することがテーマになります。数を売るよりも、事業の質を上げるということです。

コスト削減を業界・企業両方で進める

収益確保のためには、資材流通の合理化・効率化、職人の流動化を進める必要があります。

資材流通は先にも指摘したように、この業界独特の商慣行が障害となって、コストが高どまりしています。業界全体でこうした現状を変えていくことが必要でしょう。インターネット取引の活用も有効です。

また職人も、常雇いの職人の比率を検討したり、全国的に見れば職人が余っている地域がありますから、そうした人材を安く活用するといったことも考えられるでしょう。

顧客満足度を高める設計・施工を

ここ数年、マーケティングの世界では、消費者満足（コンシューマー・サティスファクション）から、顧客満足（カスタマー・サティスファクション）へ、ということがいわれています。

消費者満足というのは、あらゆる消費者のあらゆる要求を、公平に、満遍なく、いわば最大公約数的に満足させることを意味します。これに対して、顧客満足というのは、あるライフスタイルを望む顧客の具体的な要求を満足させることを指しています。つまり、個々の消費者のニーズに関心を持つということです。

一般的な商品・サービスを提供していた時代から、個別のライフスタイルを売る時代へと、発想の転換を図るということが必要になっています。全ての消費者を満足させる一般的で単純なものは、逆にいえば誰にも深い満足を与えることができないものともいえるのです。

消費者満足から顧客満足へ

マーケティングの対象と提供するものの変化

今まで、単純な商品やサービスの提供で商売が成立したのは、何らかの規制に守られて、収益性に余裕があったからといえます。しかし、規制が緩和されて競争が激化し、価格が低下する中、こうした商品には実は競争力がなく、売上の減少を招くのみであることが明らかになってしまいました。消費者の側でも、一般的な商品・サービスには、もはや魅力を感じなくなっています。

建設業の場合でも、これからは消費者満足ではなく、顧客満足を獲得できる設計や施工が求められます。そのためには、まず顧客と深い関係を築き、そのニーズを把握する必要があるのです。

実はこうした転換は、マーケティングの世界では、大変合理的なことがらと考えられます。というのも、マーケティングの世界には、20％の顧客が80％の売上をもたらす、という基本法則があるからです。

また、こうして顧客ニーズをつかみ、提供する商品の内容を絞り込んでいけば、単純な商品を提供していた時よりは、資材・人工・デザイン面などで具体的な工夫が行われ、あらゆる面で効率化が図れます。それによって、利益率を上げることも可能になるでしょう。経営の観点からいっても、理想的な展開なのです。

2 キャッシュフロー管理が重要

資金繰りで失敗する企業が多い

先ほども指摘したように、建設業における倒産が、資金繰りのちょっとした失敗によってもたらされているケースが多く見られます。いわば自転車操業に近い中小建設業・工務店も多いのです。

キャッシュフロー
実際の資金の出入り。企業の自己資金収支のことで、企業の利益から配当金と役員賞与を引き、減価償却を足したもの。自己資金が大きいと外部資金に頼ることが少なくなり、財務の健全性が図れる。

回収の早期化を図る

特に相手との力関係、人間関係や地縁のようなもので、回収が切り出しにくく、なおざりになっている面があります。この点はもう少しビジネスライクに、回収の早期化を図る必要があるでしょう。

リフォームは回収期間が短い

リフォームは受注から回収までの期間が約1か月程度と短く、資金的に楽といえます。たとえ1件ごとの売上額は小さくても、ノウハウを蓄積し、数多く取れれば、大きな事業になる可能性を持っています。

3　資金調達方法

現在、民間金融機関は中小企業向け貸出にも注力していますが、それでも、民間金融機関からなかなか資金を借り入れできないケースが起こり得ます。そのような場合に備えて、次のような資金調達方法も検討しておくことをお勧めします。

①信用保証協会保証

信用保証制度は、中小企業者が金融機関から融資を受ける際に、その融資を信用保証協会が保証することにより、保証人選択の困難や担保不足を補うことで、金融機関のリスクを補完する制度です。利用が可能な企業規模は、建設業の場合で、資本金3億円以下、従業員数300人以下です。保証の対象となる資金は、事業経営に必要な事業資金（運転・設備資金）で、最高限度額は、

・特別小口保証（無担保無保証人）は1000万円
・無担保保証は8000万円
・普通保証は個人・法人2億円（組合4億円）です。

融資実行の流れとしては、信用保証協会の窓口、商工団体、地方公共団体或いは金融機関に保証の申込を行い、信用調査の結果適当と認めれば、協会は金

融機関に信用保証書を発行し、金融機関より中小企業者へ貸付が行われます。

②少人数私募債

私募債には、一般の私募債のほか、少人数私募債があります。少人数私募債とは、５０人未満の投資家に販売を勧誘する場合で、多数の者に譲渡される可能性が少ない債券です。その要件としては、

・縁故関係者に対して社債を直接募集すること
・社債権者が50人未満であること
・募集総額が5億円未満であること
・株式会社であること
・社債への投資家に金融のプロがいないこと

があげられます。

③中小企業特定社債保証制度

中小企業特定社債保証制度は、中小企業が発行する社債（私募債を含む）に信用保証協会が保証を行うことにより、中小企業が資本市場から事業資金を調達しやすくするものです。

④東京都の中小企業向けローン担保証券（ＣＬＯ）

ローン担保証券（ＣＬＯ）は、金融機関が中小企業向け貸出債券を束ねて信託銀行に譲渡し、特定目的会社が債券を発行する仕組みです。これまでに東京都の中小企業向けローン担保証券は2回募集されていて、第1回目は全債券に信用保証を付けましたが、第2回目は保証無しの債券も発行されました。

⑤売掛債権担保融資保証制度

売掛債権担保融資保証制度は、金融機関が実施する売掛債権を担保とした融資に信用保証協会が保証を付ける制度です。これは、融資申込みの時点で、回収金額、回収日が確定している売掛債権を引当とした手形貸付で、一度担保を設定すれば、保証期間（1年）内で、反復的に融資が受けられます。売掛債権に回収リスクが伴うため、売掛先の信用度、担保としての対抗要件の具備の程度によって、売掛先ごとに売掛債権の額に対する掛け目を設定し、保証枠が決まります。

ここで、対象債権は、売掛金銭債権（原則として3年以上の継続取引のある国内事業者に対するもの）、割賦販売代金債権、運送料債権、診療報酬債権、工事請負代金債権などです。

第９章　人材評価や人材育成などヒトの要素を重視する

第1章でも述べましたが、激変の時代にあっても不変のものは建設業に関わるヒトです。この「ヒト」が意味するものは正確にいえば「人材」ということです。建設業についていえば、「人材」は、資格と育成ということになります。人材を確保し、育成することなしに成長は望めません。経営者の最大の関心をここに向けて集中させることは短期的にも長期的にも経営の安定と事業の発展をもたらすでしょう。

家づくりも結局人のライフスタイルを守るサービスを提供するという発想の転換を迫っていますが、サービスを提供するという発想の転換と同時にこれまで以上に、やはりヒト＝人材を重視する意識を忘れてはなりません。そして人材には、評価の問題と育成の問題という二面があります。

1　人材評価

資格制度

　建設業に関わる資格としては、建設業法に基づいて安全で施工力のある現場を確保するために必要な資格、企業の経営力の判断として生かされる資格、そして技能の到達度を見るための資格などがあります。こうしたものを賃金に反映させたり、昇進・昇格の際に考慮することによって、より優秀な人材を確保することができるでしょう。資格を持てば、それに

資格に対する評価の状況

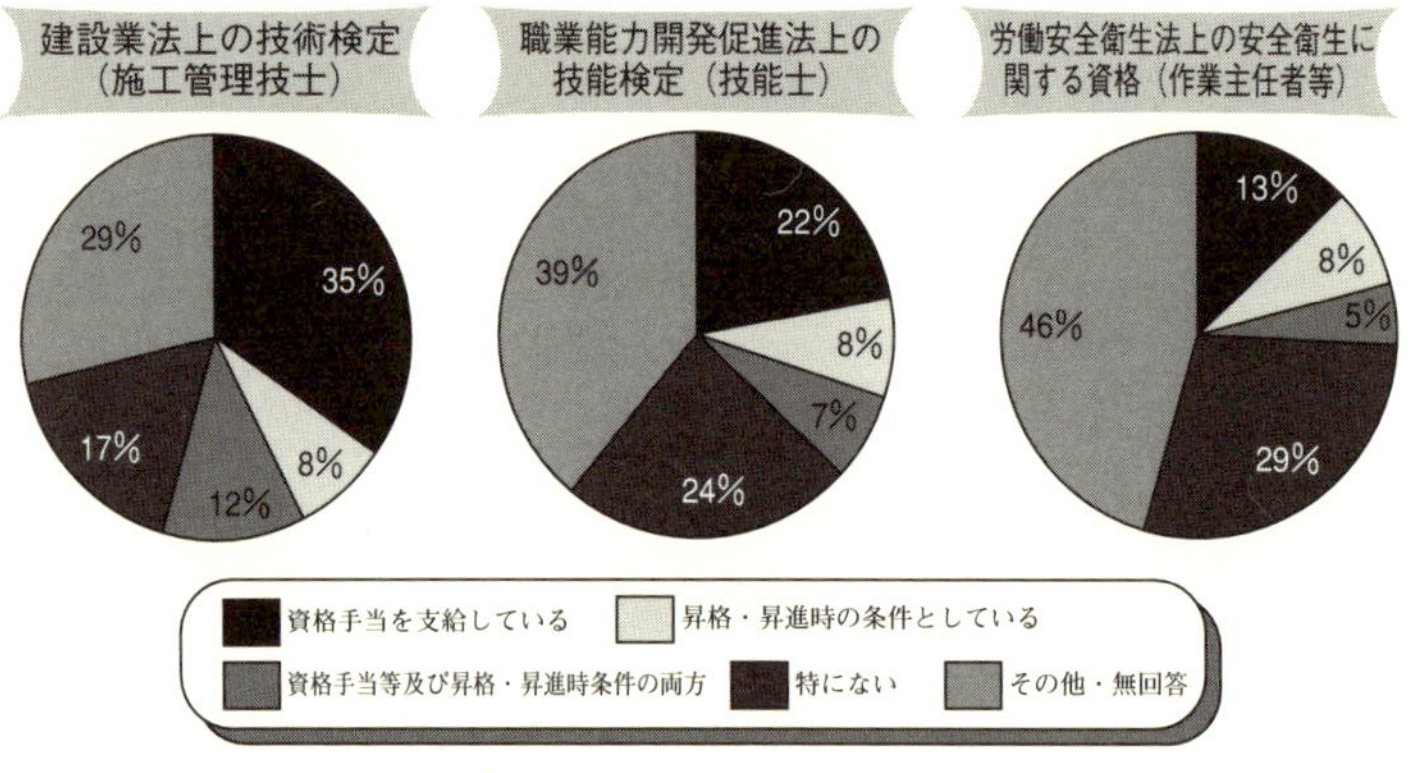

注：アンケートは企業2,435社を対象に行ったもの
資料：（財）建設業振興基金「建設技能者の就労状況等に関する調査（平成12年３月）」

出典：「建設白書 2000」

見合った待遇が得られるという職場にしていけば、従業員の前向きな姿勢を引き出すこともできます。

経営事項審査制度

これは公共工事に参加する建設業者の施工能力を評価する制度です。企業が保有する技術者数が評価対象になったもので、人材を通じた企業評価制度といえます。

2 人材育成

人材育成には、ＯＪＴと学校方式の二つの方法があります。

①ＯＪＴ（On the Job Training）

これは社内教育を通じて人材を育てていくものです。ここで大切なことは、きちんと「なぜ」を理解させていくこと。「なにをどうするか」という手順だけを反復して教える「訓練」と教育は別のものであり、「なぜそうなるのか」を教えなければ、自分でものを考え、応用を利かせることができる人間を育てることはできません。

労働生産性の向上を図るため、技能をマニュアル化、単純化して誰でもできる作業とすることが目指される傾向がありますが、同時に、「技を身に付けたい」「歴史に自分の跡を残す仕事がしたい」という希望を持って建設業界に入ってきた若い人の期待に応え、技と経験知を伝授する工夫も必要です。

②学校方式

学校方式は、かなり大規模な取り組みになりますが、人材の効率的な育成が可能です。その際にポイントとなることは、前項のＯＪＴのところでも述べましたが、職人が経験の中で身につけてきた高い技能、一般にコツや勘、技といわれるような知恵を、他人に言葉で伝えることが可能な一般的知識として伝えていくことでしょう。

第10章　設計事務所の経営

設計事務所も現在経営上の多くの問題を抱えています。特に独自で事務所を開いている場合、次第に存在理由が希薄になり、経営が厳しくなっていく傾向にあります。芸術性・デザイン性を追い求めて孤高の高みに上るのではなく、かといって、パターン化して存在理由を自らなくしていくのではなく、やはり積極的に打って出ていくことが求められるでしょう。その時、高い技術力を活かして、個別の顧客ニーズに対応しようという意志があれば、いろいろな道が開けてきます。先駆的な試みの事例を紹介しながら、設計事務所のこれからの可能性を探ってみます。

1　設計事務所の問題点

存在基盤が希薄化する設計事務所

昭和40年代頃は、建築士の数がまだ少なく、設計事務所の存在理由も大きかったといえます。当時、大卒の建築士はまず大手ゼネコンに就職、その後独立して個人事務所を構えるというのが一般的でした。

ところが今は、大手ゼネコンにはもちろん、中堅ゼネコンにも建築士がいて、独自で設計事務所をやっていく意味が薄れてきています。デザイン性が非常に優れている、といった事務所なら別ですが、全体として建築士の外注が不要になりつつある時代になっています。

特殊なテイストの設計事務所

しかも設計事務所は、芸術性を追い求める傾向が強いという特徴があります。

もともと自動車や家電デザイナーと異なり、家の設計というのは国際化していません。マーケットは狭く閉じられていて、その中でまるで純文学の世界のように、趣味の世界に入ってしまうことも多いのです。ニーズは余り大きくないのに、設計事務所が供給過剰で、このままでは多くの設計事務所が仕事を失っていくことになるのではないでしょうか。

経営を考えた建築士が少ない

一般に建築士は、高い技術力を持っていますが、物理的・機能的に壊れない家が欲しいというニーズしか満たせないことが多いのです。設計がパターン化されていて、工務店と同じレベルになっていることも多いといえます。

お金を仕切れる設計事務所が少ない

顧客は、内容の満足度と比べて合理的な価格を求めており、建設会社・工務店から独立した設計事務所はそれができる立場にありますが、それができていません。価格は、材料費と人工（にんく）が分かれば、適切に見積ることができるはずです。工法によって人工が異なり、価格が異なりますので、顧客ニーズに合った工法を選択することが必要になります。

2　これから開拓すべき分野

個別ニーズに対応できる建築士

住宅メーカーでは、個別の顧客ニーズに対応し切れないことは明らかです。例えば、ビルトインガレージが欲しい、家の中でもゴルフクラブを振りたい、といった個別のニーズに対して、住宅メーカーはほとんど対応できず、できても非常に高価な家づくりになります。

顧客ニーズを満たす個別解をつくることができるのが、設計士であり、その長所をもっと生かしていくことが求められています。ただし、建築士の設計はコストがかかり過ぎるといわれ、そのような面が確かにあります。設計料を含めた建築コストの適正化・明確化がテーマになります。

店舗には建築士が対応すべき

店舗の設計で大きな成功を収めた建築士・設計事務所は、非常に少ないのが現状です。しかし市場では、「はやる店舗」づくり（チェーン展開）のできる建築士、支出を抑えて儲かる店舗をつくってくれる設計事務所を求めています。店舗は、事業の投資採算面が重要であるにもかかわらず、建築資材の価格が高く設定されているために、投資コストも高いものとなっており、特に日本への進出を目指す外国企業にとって、大きな障害となっています。従ってこの分野は、設計事務所にとって今後有望なマーケットといえるでしょう。ディズニーランドのショッピングモールは、デザイン事務所が入っていますが、設計事務所が店舗設計のノウハウを身につけ、それを売りにして事業を展開すれば、それが他の設計事務所との違いを示す大きな個性になります。

ショッピングモール
一定規模以上の商業集積。散歩しながら買い物ができる空間。

中小設計事務所にもチャンスのある公共建築への対応

公共建築の場合、発注元は個別の企業や顧客ではなく、顧客はいわば市民であり住民です。従って一つの建物の設計にとどまらず、決められた予算の範囲で、住民に対するサービスを全体的に構想し、提案することも可能です。例えば、10億円の予算が計上されていた市民ホールを、さまざまな工夫で7億円で建設することにして、余った予算で幼稚園をつくる、といったことです。これは設計士の立場から、その知恵や工夫によって、初めて構想することができるといえるでしょう。公共建築では、こうしたコンサルティングが大きな意味を持つことになります。

そのためには、資材価格を切りつめるとか、工事を効率的に進めるといったマネジメント能力が必要になり、地域に足場を持った中小設計事務所に進出の余地があるといえます。特に地方の公共建築は行政がトップダウンで決める傾向が強く、魅力あるプランニングやマネジメント能力があれば、充分に受注の可能性があります。

コンストラクション・マネジメントへの進出

公共建築だけでなく、他の民間の案件でも、コンストラクション・マネジメントに進出していく必要があることはいうまでもありません。管理者の重要性は今後ますます高まるでしょう。特に日本に進出してくる外資系の企業が、日本の状況に見合ったコンストラクション・マネジメントを求めているのに、その要求に対応できていないという実態があります。

この分野を開拓しようとしてある程度成功しているところにアルス・ノヴァ（東京都）という設計事務所があります。

アルス・ノヴァは、日本の資材流通を全面的に見直し、欧米の建築資材の活用、それらの資材を使って工事ができる工務店の発掘や情報提供を行って成長してきました。欧米流のコンストラクション・マネジメントを駆使して、特に対日進出企業の発注を拡大しているのです。

具体的には、大理石はイタリア、木材はカナダなど、建築材料を世界で最も安いと思われるところから買い付けて日本に直送、それによって工事費を削減しています。例えば、国内で手当てすれば、チークやカリンは一平方メートル当たり1万5000円から2万円ですが、輸入すれば一平方メートル当たり4500円で済むのです。また、大理石については、現在はいったんすべてが関が原に集められた後、全国に流通されるという形を取っており、いくつかの石材業者が価格をリードしていますが、これも消費者と加工業者のところに直接、安い石を提供するシステムができはじめ、従来の流通機構が崩れ始めています。

アルス・ノヴァがこうした資材調達を始めたきっかけは、ある外国企業のオフィスの案件でした。日本進出にあたって、新築するオフィスの建物を1枚ガラスにすると、冷暖房費で年間2億円程度かかるので二重ガラスにしたい、しかしできるだけコストを抑えたいというのです。そこでアルミニウムをベースとして二重ガラスを組み込む方法を提案、アルミニウムは電気代が安く、最も低コストで製造できるカナダから輸入、二重ガラスも国内より安価なものを輸入しました。そして、外国産ガラスで施工できる業者はいないと思われていたのですが、大手建設会社の下請け工務店に、独立を目指す企業が何社かあったことから、そこに依頼、そうしたマネジメントを通じて、低コストで二重ガラスのオフィスを実現することができました。

同社はその後も外国企業向けにこうしたマネジメントを独自性にして、事業を展開しています。

コラム　新しい芽

新技芸／アルス・ノヴァの挑戦

社名の「アルス・ノヴァ」とは、中世ゴシック様式時代のノートルダム多重声楽の一様式を表す言葉ですが、原義はラテン語で直訳すると「新技芸」とも訳されます。この社名にアルス・ノヴァの志の高さが現れています。

この会社では、技術・芸術・工芸という、

・伝統性と新規性が拮抗し、要素やカンや熟練、才能といった定量化しづらい技芸の積み上げが必要

・社会的な価値判断が未定の芸術性を持つ技術的ジャンル

という性格を持つ分野におけるニーズを、分析し定量化し再構成することにより、それらを現代社会においてタイムリーで意義あるものにして提供するというユニークな活動を行っている企業です。

この10年間、主に建築設計、デザインの分野で多くの成果をあげてきていますが、その業務活動は大きく分けて4つに大別されます。

1　デザイン業務

現在、プロダクトの価値はかつてのようにただ単に機能性だけを満たしているだけでは顧客への訴求力が不充分となってきています。つまり、本来の機能、早い、大きい、多いといった要素はかならずしも商品価値を決定しないのです。そこでは、デザイン性が商品開発において非常に重要な要素となっています。アルス・ノヴァのこの分野は、この生産物における最適なデザインコンセプトを創造しイメージ戦略のコンサルティングを行う事業です。

2　エンジニアリング業務

エンジニアリングと一言でいってもその方向性は多岐にわたり、日進月歩で変化していきます。新しい技術の効果的導入、古い技術の掘り起こし、またそれらの多様な組み合わせを創造することで、エンジニアリングの有用性を高め生産性や機能性を高めるコンサルティングを行う事業です。

3　マネジメント業務

生産性を高めることにより、プロダクトの優位性や有用性はより高まっていきます。原料の最適な調達方法や仕様を分析検討し実行することにより、生産物の最適価格を設定しその実現を管理することで、資産の有効活用をはかるコンサルティングを行う事業です。

4　コレクトネス事業

価値観やルールが多様化し、変化の速い現代社会において、生産物の的を得た、穏当な、適正な状態を実現することは非常に難しくなってきています。法的な基準、許認可関係の変化や方向性をいち早く探知、予想し、また、周辺環境への配慮や将来的な効果を予測して計画を行うことでリスクを最小限に抑えながら生産目的に最大限の効果をもたらすコンサルティングを行う事業です。

これら4つの業務を大きく柱とし、プロジェクトごとにその最適な組み合わせを編成し各事業部門が複雑に絡み合いながら現実の案件の解決に取り組んでいます。そのことにより、顧客のデマンド（要望）に合わせ、かつ、デマンドを引き出し、隠された需要を掘り起こし、顧客の予想や要望を超えた満足をもたらす、といった事業コンセプトを実現しています。

その実際の業務活動を事例によって具体的に見てみます。

デザイン業務に比重が置かれた事例

業態の変化や顧客ニーズの変化はただ単に新規性を追い求めるのではなく、自分にとってよりふさわしいカタチ、事業コンセプトおよび自己表現のためのものととらえるクライアントが増えています。新しいデザインがとにかくほしい、それに追従したい、のではなく、顧客が自分の感性やキャラクターを定義し選択し自己表現の発露としてデザインイメージを利用したいというニーズが高まっています。つきつめれば「私」を表現するツールというとらえ方です。

●事例① Hデンタルクリニック

ある歯科医院の内装デザインの案件です。この場合のデザインデマンドは、健康サービス業へと変化しようとしている医療業務という周辺環境と美容院としての歯科施術、女性や子供を顧客ターゲットとし、歯科医院がこれまで持っていた「怖い」、「痛い」、といった既存イメージを根底から覆し、「きれい」、「楽しい」、という空間イメージ、そして、「怖くない先生」というオーナーの自己イメージを演出することが主眼におかれました。

もちろん、それを実現するために、技術的な意味での建築エンジニアリングと建築費用をめぐるマネジメント業務のサポートも行っています。

●事例② T邸

すでに自動車などは、プロダクト購入の際の選択動機の多くが、単に保有する、壊れない、速い、といった物理的要望から、デザインなどの好悪による動機に変化してきています。

アルス・ノヴァでは、これを、一次デマンド（所有要望）・二次デマンド（機能要望）から三次デマンド（情報要望）への移行と呼んでいます。自動車における商品価値は、「どんな車を持っている人なのか」、「こんな車に乗っている自分」といった情報を送受信できるかという点に求められるという風に変わってきているという状況分析のもと、このような自己表現の要望を強く持っているクライアントであるT氏にとって、ガレージは単に自動車を収納するための空間というだけにとどまらず、自動車を展示するための空間だと考え、自動車を飾るための住居、居住できるカーショールームというデザインコンセプトを導き出しました。

エンジニアリングに比重のおかれた事例

生産現場におけるエンジニアリング・技術サポートというものは、基礎研究などにおける分野閉鎖、突き詰め型の研究とは違い、トータルで見て必ずしも専門家の意見が最適といえない場面が数多く存在します。また一方、既成の技術がその技術性以外の理由、慣習や怠慢による繰り返しなどによって更新が阻害されている場合など、合理的とはいいがたい技術の解決がはかられている場面も見受けられます。アルス・ノヴァでは、それらの既存および新技術を取捨選択して組み合わせていくことで、より効果的な技術の利用をはかります。

●事例③ P研究所

これは、自動車部品メーカーの商品開発、研究、生産、流通施設という複雑な要件を持った物件です。周辺環境は幹線道路に近く、輸送車両からの視認性と変形敷地の有効利用、工場内での生産物と労働者の合理的な還流動線の確保、オフィス部分の自社イメージの表出などと同時に将来の変化を見越して計画しています。アルス・ノヴァでは、それらを実現するために、構造部分と外装部分を物理的に分離しアタッチメント方式にしました。また、その外装素材として使うガラスカーテンウォールは、コストメリットを出すためにアルミ部材の生産コストが安い北米において生産し、海上輸送してから現場設置をするという手配をしました。

マネジメントに比重を置いた事例

建設工事などの事業においては今まで、現場一品生産という特殊条件のため生産の合理化やコスト管理があいまいなまま進められてきた、という風潮があります。また正確な部材点数や工期の把握が難しく、生産者側も依頼者側も利益追求や費用低減の検討を阻まれてきたといえます。これらを解決するためのマネジメント事業が昨今ニーズの高まりを示していますが、アルス・ノヴァはここにも切り込みました。

●事例④　I邸

一般的なサラリーマン家庭における住居の一次取得者は、建物予算が1500万円から2000万円台といわれていますが、この事例においては親世代の不測の事態により親子リレーローンのバトンタッチが子世代に予想外に早く訪れてしまいました。そのため、子世代が結婚後、建設予定だった新築住宅において新規にローンが組めないという事態に陥ってしまいました。その時点で自己資金は500万円であり、両親などの援助により合計700万円での住宅建設の可能性について依頼を受けたものです。アルス・ノヴァでは、ここで、すべての工事内容と建築素材の入手経路を分析してそのすべてを見直し、最もコスト・メリットが出せる工法と入手経路を創造しました。その結果、20坪700万円で建設を実現させています。

コレクトネス事業に比重の置かれた事例

建築生産現場におけるプロジェクトリスクにはさまざまなものがありますが、例えば、工期と周辺環境をめぐる与件および社会的な役割、法律的な条件などの調整と解決が進行を決める重要な要素になってくる場面が数多く存在します。

●事例⑤　Aコンサルティング会社の改修工事

外資系コンサルティング会社の改修工事です。ビル内で多くの社員の施設利用を止めることなく全体の改修工事を行い部署の移動をする、また既存ビルにおける法規的な制約と設備機器関連との関係を損なうことなく、工事は週末のみという限られた時間内で実現させる、という二つの条件のもと、外資系コンストラクトマネージメント企業に協力を要請されました。

アルス・ノヴァは、それら二つの条件を満たしただけではなく、外資系企業の日本事務所ということで、使用感を損なうことなくデザインに日本的なエッセンスを取り入れるというもう一つの条件も実現させています。

これらは、実現したプロジェクトの典型的な事例です。

こういった活動を通じて、アルス・ノヴァの顧客のとらえ方のみならず、クライアントの動きも変化してきています。最終ユーザーであるところの施主＝クライアントだけでなく、そこから遡って、建築業における生産側、流通側における諸問題の解決の依頼も増えてきています。

建材メーカーからの依頼

建材メーカーからは商品開発の相談を受けています。建材メーカーは特に住宅業界において大手ハウスメーカーからのＯＥＭ生産を手がけている場合が多く、ＯＥＭ製品をそのまま自社製品として販売しており、メーカー独自の商品開発やブランド確立といったことが立ち遅れています。また、最終ユーザーではなく販売先が工務店などの生産側であるため、最終顧客ニーズとの製品コンセプトにずれが生じ始めてもいます。それらを是正するための調査と商品開発のサポートの依頼を受けているのです。

不動産・開発業者からの依頼

不動産・開発業は、開発分譲物件、建売住宅などにおいて今までのローコスト路線による同じ規格の無個性住宅にあきたらないユーザーの増加により、建売というコンセプトが崩れはじめ、売れ残りが増加してリスクの多い事業に変化し始めています。それらを見越し、デザイン物件、個別解・特殊解を受け入れられる分譲物件の開発をサポートする依頼がきています。

工務店・建設業者からの依頼

工務店・建設業者では、かつての棟梁におまかせ方式の破綻があいついでいます。近所の信頼できる大工さんの減少と顧客側の情報取得ルートの増大で、工務店・建設会社と顧客との間で意思疎通が難しくなっています。例えば、和室に予算をかけるかかけないかでも認識のずれが大きくなっています。それらの調整協力と顧客に対するプレゼンテーションのサポートの依頼があります。また、古くからの硬直化した取引先の刷新がはかれず合理化に苦しんでいる業者も多く、それらの場合の部材調達、下請け先の再調査、ルートづくりのサポート依頼もあります。

設計事務所・デザイン事務所からの依頼

設計・デザイン事務所は、業界規模の縮小から以前のように自社ですべてまかなう式の成長が望めなくなっており、より専門化が進んでいます。専門性によって、設計事務所は大きく3つに分かれ始めています。建築構造設計、建築設備設計、デザイン設計、設計図面作成、法律対応専門設計などですが、例えば、デザインのみ依頼され構造設計や設備設計は他社に依頼する、顧客ニーズの多様化で店舗的な雰囲気を望むクライアントで店舗デザイナーに住宅デザインを依頼し技術的な設計者を外部に依頼するといった具合です。

そこで、専門性の高い技術者間の設計技術・デザインサポートの依頼が生まれています。

アルス・ノヴァは、こうした活動で培われた技術、コンサルタントノウハウをもとに、より多くの潜在的顧客に情報の開示をはかり建設業界内の活性化に貢献したい、という意図を持って、周囲の共感者の協力も得て新たな事業の立ち上げをインターネット上で行いました。

建築Ｗｅｂ・ｃｏｍ　の立ち上げ

建築関連情報の総合サイト建築Ｗｅｂ・ｃｏｍを立ち上げたのです。それは、建材、建築専門化情報サイトと、ユーザーの要望をインターネット上に掲載し、それを見た建築業者からのプレゼンテーションからユーザーが自分に最適な建築専門家を選ぶという「Ｗｅｂコンペ」を行うサイトです。建築Ｗｅｂの運営およびそれら情報ジャンルの新規事業を行うための新規会社株式会社アノックを２０００年に設立しました。

建築Ｗｅｂの事業コンセプト

建設業は既に情報産業

建設業は技術を伴ったサービスと多品種の商品の流通とが複雑に関係して成り立っています。一つの建物が完成するまでに関わる業種は多岐にわたっているため、実際の業務のほとんどは業者間の調整などコミュニケーションの能力と合理化が決め手となっており、建設業こそ情報化革命の恩恵を受ける業種といえると、アルス・ノヴァは考えます。そのコンセプトを建築Ｗｅｂ・ｃｏｍ上に展開しています。

建築のプロと建てたい人とをインタラクティブにつなぐ

ここ数年の急激な経済の環境変化によって、建設業の経営手法はこれまでにないスピード、情報発信能力、柔軟性が求められています。連日のように、手抜き工事などの一部業者による悪いイメージの報道がされているため、消費者の建設業に対する不信感は増しています。加えて、インターネットの普及により、消費者自身が情報収集しやすい環境の整備が進んでいるため、建設業者や建築関連商品は消費者優位のふるいにかけられつつあるのが現状です。

さらに、消費者のニーズもますます多様化しており、それに対応した建材や商品知識、工法、業務の合理化や情報発信のテクニックの吸収は急務といえます。

建築Ｗｅｂ内のサイト構成は大きくわけて５つです。

１　建築データベース
２　建築ギャラリー
３　Ｗｅｂコンペ
４　建材情報
５　建築関連情報コラム

「建築データベース」は、建築に関わる業種を網羅した情報検索システムです。ここに掲載すると自社のホームページを持つのと同様の効果が期待できるようになっています。従来の、単に所在地や連絡先等の基本データの掲載だけではなく、会社理念やセールスポイント、また、建築ギャラリーと連動させることで、これまで手がけてきた作品を画像付きで載せることができるという充実した内容です。

情報を発信しながら新しい情報をキャッチする、そのステージが建築Ｗｅｂ

すでにホームページを持つ建設会社・工務店にもメリットがあります。建築データベースはホームページとリンクさせることができ、これまで以上のヒット数が期待できます。今のようにホームページが乱立すると、検索エンジンに登録していてもなかなか訪問者が獲得できないという現象が起きていますが、一つの解決策といえるでしょう。

検索エンジンはいわば大都会の住宅地図のようなもので、大企業や有名ブランドはそのネームバリューで訪問者を獲得できますが、そうでない場合はいくら立派なページを開設しても、それに見合ったヒット数が望めないというケースが少なくありません。その点、建築Ｗｅｂは住宅街にある専門店だけで構成された商店街です。ここに行けば建築関連の情報が業種別に得られるわけですから、訪問者は非常に探しやすく、また情報の発信者はより多くの人の目にとまることができるのです。

建築Ｗｅｂは多角的で双方向の情報発信をすることで、建築のプロはもちろんのこと、これから建物を建てたいという人にも役立つ情報を発信しているのです。

建築Ｗｅｂはアウトソーシング対応のお手伝いもします

「Ｗｅｂコンペ」では、オープンコンペあるいはオープン入札という形で業務の外部委託先を募ることができます。

さらにここでは会員間のネットワークを利用して、建設業に特化した情報交換の支援を行っています。これにより、会員は、人件費・経費・さらに情報化に伴うコストなどの削減が図れます。

「Ｗｅｂコンペ」によって、個々のニーズにあった情報を短時間に、しかもこれまでにない大規模な情報ソースの中から引き出すことができるのです。

また、「Ｗｅｂコンペ」は、新たな仕事を獲得するツールとしても機能しています。建築-Ｗｅｂの一般会員から設計デザインや施工などの依頼をオープンに募っているからです。

Ｗｅｂコンペの利点は、

・仕事をする前に入金条件や仕事内容が把握できる

・営業経費がかからない

・打ち合わせに要する時間を取られない

などがあげられます。日々の業務に追われて新規顧客獲得のための営業活動ができない、仕事の幅を広げたいがきっかけがつかめない、下請け中心の仕事の流れを変えたい、というように閉塞感を感じている建設会社・工務店に対してよりよく開かれているサービスです。

ちなみに、コンペという形式上、公平・公正な運営が心がけられ、選考にあたって建築-Ｗｅｂが関わることは一切ないということです。あくまでも依頼者が選考するのです。

建築Ｗｅｂでは優れた建材・商品を紹介します

ある調査によると、今の20代後半から40代にかけての層は自分らしさへのこだわり度が非常に高く、これらはまた、充分納得した上で住まいづくりをしたいという欲求が強いという傾向がみられます。そういった消費者は自分にとって本当に必要なもの、価値あるもの、最新情報を、インターネットや専門雑誌などから積極的にキャッチしています。

ところが建築のプロでありながら、建築のトレンドを意識せず、これまで使ってきたものや方法を変えていく努力を怠り、消費者のニーズとズレが生じていることすら気づかない建設会社・工務店があります。

消費者の目は、これまではキッチンの設備や照明といった実際に目に見える部分に向いていましたが、基礎や構造、気密性といった専門的な領域にも向けられるようになっています。毎年多くの新製品が発売されていますが、それらすべてを把握するのにも大変な労力がかかりますし、消費者のニーズに対応するため常に情報のアンテナを張り巡らせていくのは実際大変です。

分厚い建材の資料集から本当に優れた製品を見つけだすのがいかに大変かは、誰でも経験があることでしょう。その点で、総花的な情報発信よりも、建築Ｗｅｂは自分の目でセレクトした、納得したものを紹介する、というスタンスのページを目指しています。

建築Ｗｅｂ・Ｃｏｍは、ページの構成にあたって広く情報を募り、使う側である建築家、建設会社からの情報も受信するというインタラクティブなインターネットならではのサービスを提供しているといえます。

第11章　中小建設会社・工務店経営を支える企業例

最近、建築デザイン、不動産運用支援、経営アドバイスなど、中小建設会社・工務店経営を支える企業が出てきており、これらの企業と提携することで、自社にない経営資源を補うとともに、顧客開拓ができるようになってきています。ここでは、代表的な2社をとりあげてみましたが、自社の周辺に類似の事業を行っている企業があるかどうか、提携が可能かどうか、経営的な視点で目配りが必要です。

K & i Creative Partners（KiCP）

K & i Creative Partners（ケイアンドアイ・クリエィティブ・パートナーズ）（東京都台東区、社長　井上克彦氏）は資産家を顧客層に持ち、不動産運用企画・提案を中心としたアドバイスをしている企業です。特に、関東地方の大手・中小建設会社・工務店と提携した、建築プラン、事業計画などの企画提案を行っています。資産家層では、今、世代交代が進んでいて、相続問題を乗り越えても、相続した土地をどのように活用したらよいか、困っているケースが多いのです。　K・i・CPは土地の立地・面積・形状などを勘案して最も効率的な活用方法を顧客に提案し、建設会社と提携して建築しています。具体例として、「あざみ野のタウンハウス計画実例」があります。ここは、主として外人に対する高級賃貸物件で、北米からの輸入材を用い、一戸建て感覚でゆったりした快適空間をつくっており、大変好評を博しています。しかも付加価値が高いため近隣物件に比べて高い家賃がとれるうえ、コストを抑えているので、投資利回りが高いのが特徴です。また、資産税専門の税理士や弁護士と提携しており、資

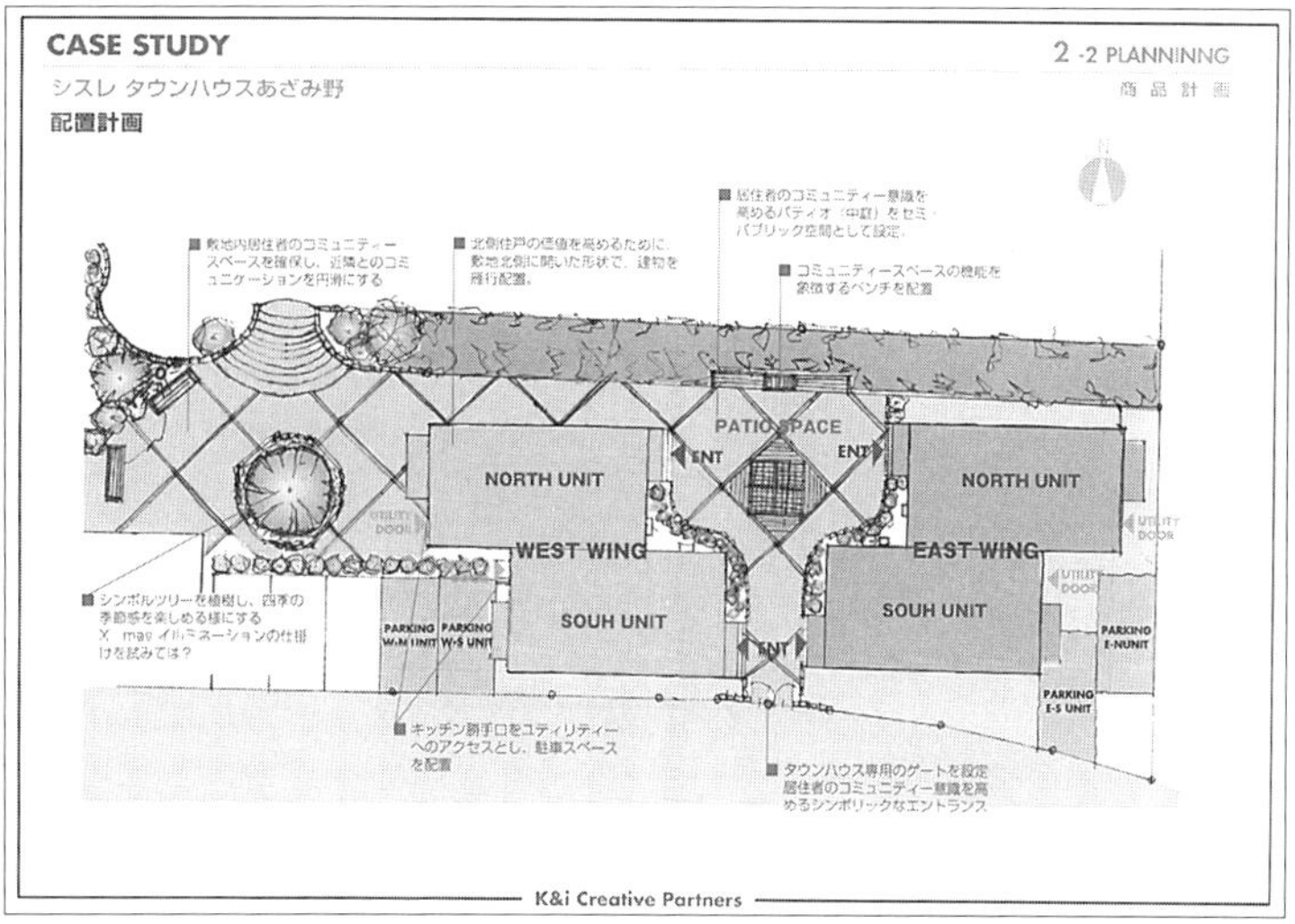

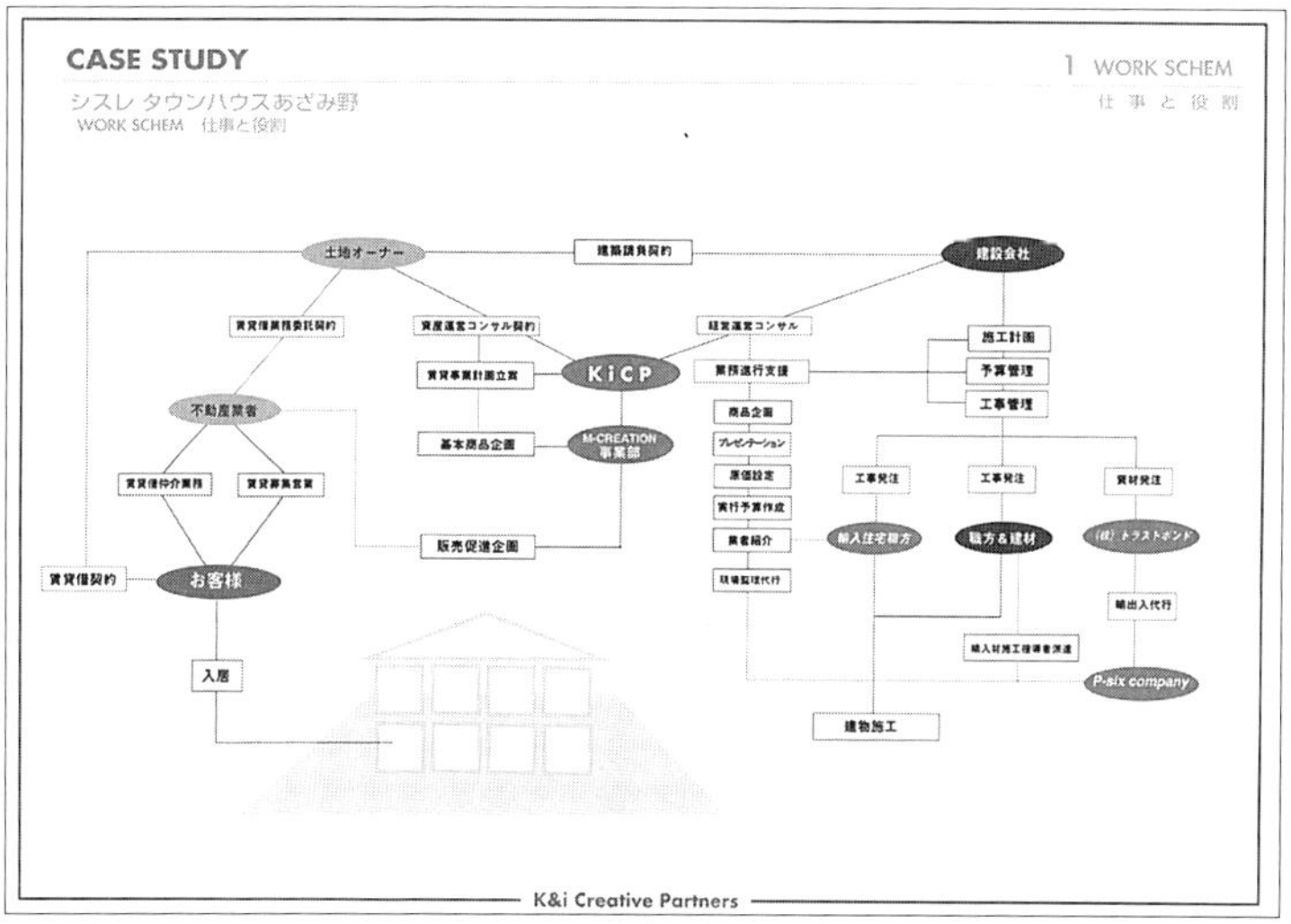

あざみ野のタウンハウス計画実例

出典：KiCP 資料

産家に対する総合的なアドバイスを提供しています。

この企業と提携することにより、建設会社・工務店は各地域での建築案件の施工を獲得しています。特に中小建設業・工務店の場合、得意とするデザインや工法がおおよそ決まっていて、多様な提案をして案件を獲得することが難しい場合が多いのですが、K・i・C・Pは、不動産運用を切り口として、顧客獲得できるメリットが大きいのです。

コンサルティングファーム

株式会社コンサルティングファーム（東京都千代田区、社長　山口毅氏）は、インターネットを活用して、各種専門家（メンター）と顧客を結び付けて経営に必要な情報を総合的に提供する企業です。インターネットを用いるので、全国対応が可能であり、弁護士・公認会計士・弁理士・社会保険労務士など、各種の国家資格者を安い料金で活用し、具体的な案件に取り組めるメリットが大きいのです。

もちろん、情報提供と相談業務を行うためには、多様なナレッジが必要になりますが、同社はナレッジをデータベース化することにより、インターネットの活用メリットを格段に高めるとともに、セミナーやコンサルティングなどリアルな対応も行っているので、顧客のニーズに合わせたサービスを提供できます。各種公的支援・助成金制度などの相談にも強いのが特徴で、新しい制度の紹介・アドバイスもしています。

建設業については多様な公的支援・助成金制度があり、複雑で全貌が分かりにくいのですが、同社は正確な情報を提供しています。また、税理士・中小企業診断士・建築士などで建設業に詳しいコンサルタントが経営革新・二代目経営者のサポートなど、経営アドバイスも積極的に行っています。

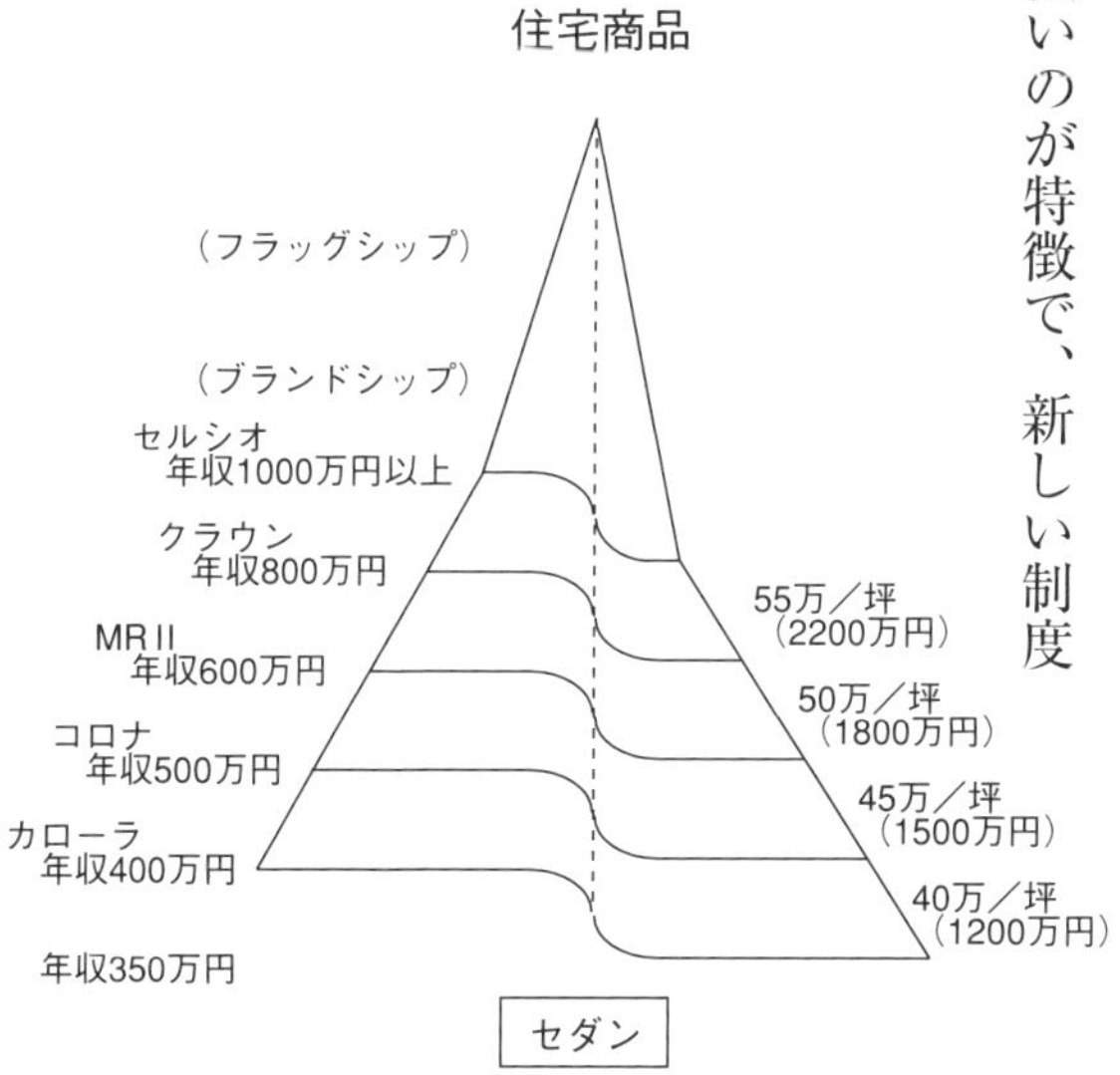

出典：コンサルティングファーム資料

各種助成金、奨励金等の制度

（注）＊は雇用保険適用事業所の事業主の方への給付金

- Ⅰ　事業主に対する各種助成制度
  - A＊雇用の維持を図る事業主に対する助成
    - 1 雇用調整助成金
    - 2 労働移動雇用安定助成金
      - a 労働移動雇用安定奨励金
      - b 労働移動雇用安定特別奨励金
      - c 労働移動雇用安定移転給付金
    - 3 労働移動能力開発助成金
      - d 労働能力開発給付金
      - e 労働移動能力開発移転給付金
    - 4 中小企業高度人材確保助成金
    - 5 中小企業雇用環境整備奨励金
    - 6 人材移動特別助成金
    - 7 中小企業雇用創出人材確保助成金
    - 8 受給資格者創業特別助成金
    - 9 中小企業雇用創出雇用管理助成金
  - B＊季節労働者の雇用の安定を図る事業主に対する助成
    - 10 通年雇用安定給付金
  - C＊新たに求職者を雇用する事業主に対する助成
    - 11 特定求職者雇用開発助成金
    - 12 地域雇用開発助成金
    - 13 大規模雇用開発促進助成金
    - 14 農山村雇用開発助成金
    - 15 沖縄若年者雇用開発助成金
      - f 沖縄若年者雇用奨励金
      - g 沖縄若年者雇用特別奨励金
    - 16 地域雇用環境整備助成金
    - 17 地域高度技能人材確保助成金
    - 18 地域高度技能活用雇用環境整備奨励金
    - 19 地域高度技能活用促進事業助成金
    - 20 中小企業高度人材確保助成金
    - 21 中小企業雇用環境整備奨励金
    - 22 新規・成長分野雇用創出特別奨励金
    - 23 新規・成長分野就職促進給付金
    - 24 介護雇用創出助成金
      - h 介護人材確保助成金
      - i 介護能力開発給付金
      - j 介護雇用管理助成金
      - k 介護雇用環境整備奨励金
    - 25 特定地域・下請企業離職者雇用創出奨励金

- D＊地域の雇用の開発を図る事業主に対する助成
  - 26 地域雇用開発助成金
  - 27 大規模雇用開発促進助成金
  - 28 農山村雇用開発助成金
  - 29 沖縄若年者雇用開発助成金
  - 30 地域雇用環境整備助成金
  - 31 地域高度技能人材確保助成金
  - 32 地域高度技能活用雇用環境整備奨励金
  - 33 地域高度技能活用促進事業助成金
- E＊障害者の雇用の促進を図る事業主等に対する助成
  - 34 障害者雇用継続助成金
- F＊高齢者の雇用の促進を図る事業主等に対する助成
  - 35 継続雇用定着促進助成金　（事業主に対する助成金制度）
  - 36 高年齢者雇用環境整備奨励金　（事業主に対する助成金制度）
  - 37 特定求職者雇用開発助成金　（事業主に対する助成金制度）
  - 38 高年齢雇用継続給付
    - ▷＊雇用保険の被保険者に対する給付制度
- G＊雇用管理改善・能力開発等の維持を図る事業主に対する助成
  - 39 職場適応訓練費
  - 40 生涯能力開発給付金
    - l 能力開発給付金
    - m 自己啓発助成給付金
  - 41 人材高度化助成金
    - o 人材高度化事業助成金
    - p 人材高度化訓練運営助成金
    - q 人材高度化能力開発給付金
  - 42 認定訓練派遣等給付金
  - 43 ソフトウェア人材育成事業派遣奨励金
  - 44 自主的能力開発環境整備助成金
    - r 受講環境整備奨励金
    - s 長期教育訓練休暇制度導入奨励金
  - 45 再就職促進講習給付金
  - 46 職業安定促進講習
    - t 講習委託費
    - u 受講給付金
  - 47 育児・介護雇用安定助成金
  - 48 育児・介護休業者職場復帰プログラム実施奨励金
  - 49 中小企業短時間労働者雇用管理改善等助成金
  - 50 看護婦等雇用管理研修助成金
  - 51 派遣労働者雇用管理研修助成金

- H 新たに中小企業退職金共済制度に加入する等の事業主に対する助成
  - 52 中小企業退職金共済制度に係る新規加入掛金助成及び掛月額変更掛金助成
  - 53 建設業退職金救済制度に係る新規加入掛金助成
  - 54 清酒製造業退職金救済制度に係る新規加入掛金助成
  - 55 林業退職金救済制度に係る新規加入掛金助成
- I 勤労者の自助努力を支援する事業主に対する助成
  - 56 財形助成金
  - 57 財産形成貯蓄活用給付金助成金・財産形成貯蓄活用助成金制度
- J 特例事業場労働時間短縮促進助成金

II　事業主団体に対する各種助成金制度

- K 雇用管理改善・能力開発等を図る事業主等に対する助成
  - 58 事業主団体短時間労働者雇用管理改善等助成金
- L 事業主団体等特例事業場労働時間短縮促進助成金

III　労働者に対する各種給付金制度

- M 主体的能力開発を行う雇用保険の被保険者等への給付
  - 59 教育訓練給付金（制度紹介）
  - 60 教育訓練給付金（労働大臣指定教育訓練講座一覧　H.12.4.1 現在

出典：コンサルティングファームの資料

終わりに

建設業は夢のある産業です。

今までは国土をつくる、という仕事をしてきたのですが、これからはもう一歩進んで、人々の生活を豊かにするという役割を担っていくことになるでしょう。都市再生・地域活性化の担い手として、21世紀の非常に重要な産業であることに間違いはありません。

しかし、中小建設会社や工務店、設計事務所は、そうした役割に応えてきたでしょうか。現在の公共建築や民間の建築の中には、残念ながら個性的なものは非常に少なく、魅力ある空間を持ったものは少ないようです。もっと努力の余地があり、さらに工夫していけば、業としてもっと発展していけると思います。

そのためには、技術ももちろんですが、それに劣らず経営が大事です。これまで中小建設会社や工務店、設計事務所が経営をどうしていくのかという積極的なアプローチは、ほとんど行われてきませんでした。しかし、今求められているのは経営です。建設会社や工務店がマーケティングの発想や企画力を持つことができれば、多くの人が望む豊かな住まいや空間を提供し、人々の暮らしを豊かにするという大きな役割を果たすことができるでしょう。顧客のニーズをくみ上げ、明確なコストでそれに応え、それを通じて事業を発展させていってください。変革の時代はチャンスの時代です。本書は、中小建設業・工務店・設計事務所の経営について書いた本としてはほんの入り口ですが、少しでもお役に立てれば幸いです。皆さんの成功を願っています。

2002年1月　菊森　淳文

参考文献

●書籍

・織山和久「建設・不動産ビジネスのマーケティング戦略―低成長時代をブレークスルーするビジネスモデル」ダイヤモンド社、2000年10月
・金本良嗣編「日本の建設産業」日本経済新聞社、1999年7月
・ジェフリー・ガーテン、鈴木主税訳「世界企業のカリスマたち―CEOの未来戦略」2001年9月
・菊森淳文著、竹中平蔵協力「学習する会社のナレッジ・コラボレーション」かんき出版、2001年5月
・建設業経営研究所（CML）編著「中小建設業経営再生へのシナリオ」日刊建設工業新聞社、2000年9月
・内閣府「平成13年度年次経済財政報告」2001年11月
・建設省（現・国土交通省）編「建設白書2000年版」
・総務省編「地方財政白書2001年版」
・中小企業庁編「中小企業白書2001年版」
・日本建設業団体連合会「建設業ハンドブック2001年版」

●論文等

・「今後の経済財政運営及び経済社会の構造改革に関する基本方針」閣議決定、2001年6月26日

・菊森淳文「中小建設業・サービス業・運輸業の経営革新に関する調査研究」２００1年3月
・菊森淳文「構造改革を乗り越えて地域を活性化させるには—地域が自立性のある産業集積と地方中核都市を作れ—」（日本総合研究所「Japan Research Review」２００２年1月号所収）
・菊森淳文「中小企業向け金融等支援策のあり方」日本総合研究所「Japan Research Review」２００1年5月号
・菊森淳文「少人数私募債」（「近代中小企業」１９９９年12月号）
・（社）中小企業診断協会「中小製造業・建設業の転業・廃業指導マニュアル作成報告書」１９９８年2月

●雑誌記事

・「展望・監理はどこへ向かうのか」（「NIKKEI ARCHITECTURE」２０００年9月4日号）
・「設計事務所99年度決算調査結果」（「NIKKEI ARCHITECTURE」２０００年9月18日号）
・高牟禮貞宜「コストと一緒に知恵も絞る中小建設業者生残り大作戦」（「エコノミスト」２００1年10月2日号）
・「特集・土建崩壊」（「週刊ダイヤモンド」２００1年10月6日号）
・「建設会社なんか要らない、芽生え始めた新しい建設システム」（「エコノミスト」２００２年1月15日号）

●新聞記事

・日経流通新聞2000年12月21日付け記事「ネットで家を建てる」
・日経産業新聞2001年8月8日付け記事「個性派経営者、私の構造論、日東大都工業名誉会長　石澤六郎氏」
・日経産業新聞2001年8月23日付け記事「大手ゼネコン、競争政策導入求める、中小保護加速に危機感」
・日刊工業新聞2001年10月1日付け記事「動き始めた住設再編、トステム・INAX、TOTO・松下電工」
・日経産業新聞2001年10月5日付け記事「高齢者の共同生活施設建設、東急ホーム需要開拓」
・日本経済新聞2001年10月13日付け記事「低価格住宅」
・日経産業新聞2001年11月6日付け記事「第一園芸卸部門を縮小、小売軸に立て直し、住宅地に多店舗展開」
・日経産業新聞2001年11月21日付け記事「発注者ニーズ代弁コスト圧縮、CM建設じわり」
・日経産業新聞2001年12月5日付け記事「ゼネコン、過当競争で請け負いに」
・日経産業新聞2002年1月16～17日付け記事「殖産住宅の挫折」
・日本経済新聞2002年1月17日「2002企業の選択、提案営業でシェア向上、低価格化競争とは一線、積水ハウス社長　和田勇氏」

著者プロフィール

菊森　淳文（きくもり　あつふみ）

日本総合研究所主席研究員

1955年奈良県生まれ。78年東京大学法学部卒業。同年三井銀行（現三井住友銀行）入行。83年米国シカゴ大学経営大学院でMBA取得。同年調査部にてエコノミスト。96年東京営業第六部次長（エネルギー産業担当）。97年資金証券企画部市場リスク管理室企画グループ長。98年同システム企画グループ長。99年さくら総合研究所上席主任研究員。2001年より現職。

中小企業診断士・日本証券アナリスト協会検定会員・システムアドミニストレータ。京都大学大学院・信州大学非常勤講師。全国理容総合研究所委員。

94年度中小企業庁長官賞・清水晶マーケティング論文賞受賞。

主な著書は「中小企業の転・廃業指導マニュアル」（共著、中小企業診断協会）、「理容・美容サロンが変わる」（日刊工業新聞社）、「21世紀のサロン経営—理容・美容サロンが変わるII」（日刊工業新聞社）、「学習する会社のナレッジ・コラボレーション」（かんき出版）など、論文に「中小企業向け金融等支援策のあり方」「構造改革を乗り越えて地域を活性化させるには」「金融ITの将来像」など多数。講演は金融・経済・経営分野について、金融庁・地方銀行協会・全国信用金庫協会・日本経営者団体連盟・ペンシルベニア大学ウオートンスクールなど多数。

[革新の経営力]　**工務店はサービス業だ**

2002年3月1日　　初版発行

著　者　菊森　淳文
発行者　馬場　瑛八郎
発行所　株式会社建築資料研究社
〒171－0014　東京都豊島区池袋2－72－1
TEL：03-3986-3239　FAX：03-3987-3256
印刷所　株式会社廣済堂

定価はカバーに表示してあります

ISBN4-87460-745-4